本专著系浙江省哲学社会科学规划课题（项目号23LMJX07YB）的成果，国家一流专业经费资助

钱 塘 遗 韵

——盐运河文化带历史遗存与文化辐射

李 琦 著

U0367353

上海交通大学出版社

SHANGHAI JIAO TONG UNIVERSITY PRESS

内容提要

本书围绕钱塘江北岸盐运河文化带展开研究，定义了盐运河及其文化的范畴。对其历史遗存和文化输出进行了系统的挖掘、梳理和分析。第一个创新点是尝试证明上塘河外另一条盐运河的存在，宋熙宁期间，因上塘河淤堵，卢秉奉命新开的一条新盐运河连通了汤村、赭山等几个重要盐生产地，分摊了上塘河水路盐运的功能。第二个创新点是从盐民与海塘的共生关系来阐述另一种钱塘生态和钱塘精神，以及具象化钱塘精神的来源。第三个创新点是将过去不被重视、已经濒危的钱塘江盐业看作古代杭州城市的发展之源，并将盐运河水系看作杭州除西湖、大运河、钱塘江之外的第四条重要水系，然后结合本书的新论点提出一些针对该地带文化发展的路径建议。

图书在版编目（CIP）数据

钱塘遗韵：盐运河文化带历史遗存与文化辐射 / 李琦著. -- 上海：上海交通大学出版社，2024.6
　ISBN 978-7-313-30841-2

　Ⅰ.①钱…　Ⅱ.①李…　Ⅲ.①运河-文化研究-杭州
Ⅳ.①K928.42

　中国国家版本馆CIP数据核字（2024）第106837号

钱塘遗韵——盐运河文化带历史遗存与文化辐射
QIANTANG YIYUN —— YANYUNHE WENHUADAI LISHI YICUN YU WENHUA FUSHE

著　　者：李　琦
出版发行：上海交通大学出版社　　　　　　地　　址：上海市番禺路951号
邮政编码：200030　　　　　　　　　　　　电　　话：021-64071208
印　　制：上海万卷印刷股份有限公司　　　经　　销：全国新华书店
开　　本：710mm×1000mm　1/16　　　　　印　　张：11.75
字　　数：154千字
版　　次：2024年6月第1版　　　　　　　　印　　次：2024年6月第1次印刷
书　　号：ISBN 978-7-313-30841-2
定　　价：68.00元

版权所有　侵权必究
告读者：如发现本书有印装质量问题请与印刷厂质量科联系
联系电话：021-56928178

序

2022年时，李琦先生告知我，他的"盐运河文化研究"已列为浙江省哲学社会科学规划课题。近日，他将书稿示我，嘱为之序。此作即为这个课题的成果，仅从这部书稿搜集材料的广博渊富、研究的深入、观点之新颖、议论的游刃有余，便可见作者在这一领域的耕耘之勤，成果之显著。

杭州盐运河，作为钱塘江北岸重要的历史文化遗产，承载着丰富的文化内涵和深厚的历史积淀。李琦先生以敏锐的洞察力和深厚的学术功底，围绕盐运河文化带展开系统而深入的研究，为我们揭示了一段尘封的历史和一种充满魅力的地域文化。本书具有以下几个特点：

第一，对盐运河及其文化的范畴定义准确，为我们理解这一文化现象提供了清晰的框架。李琦先生通过对历史遗存的挖掘和梳理，以及对文化输出的深入讲解，为我们展现了盐运河文化的独特性和深远影响。

第二，更为重要的是，李琦先生在研究中提出了多个创新观点。他尝试证明宋熙宁期间除了上塘河外，还新开了另一条重要的盐运河，这一发现不仅丰富了我们对钱塘江盐运河历史的认知，也为我们理解当时的社会经济文化提供了新的视角。此外，他还从盐民与海塘的共生关系出发，深入阐述了钱塘生态和钱塘精神的独特内涵，为我们理解钱塘江地区的文化特色提供了新的思路。

第三，李琦先生将钱塘江盐业视为古代杭州城市的发展之源，并将盐运河水系看作是杭州除西湖、大运河、钱塘江之外的第四条重要水系，然后从历史学、文字学等角度加以详细论证。这一观点不仅拓展了我们对杭州城市历史的认知，也为我们理解杭州城市文化的形成和发展提供了重要的线索。

第四，本书力求在广集资料、严格考证的基础上提出学术观点。作者的研究不仅注重史实的考据和文献的梳理，还注重从文化、社会、经济等多个角度进行综合分析，使得本书不仅具有深厚的学术价值，也具有很强的可读性和启发性，充分展现了作者严谨的治学态度和扎实的学术功底。

第五，李琦先生在书中还结合新内容提出了一些针对该地区文化发展的路径建议。这些建议既体现了对传统文化的尊重和保护，也体现了对现代文化发展的思考和探索，为进一步推动钱塘江与大运河文化的发展提供了有益的参考。

2014年6月，在第38届世界遗产大会上，中国大运河项目被列入世界文化遗产名录。自此，这条"活着的文化遗产走廊"，掀开了生命的全新篇章。欣逢2024年为中国大运河申遗成功十周年之际，李琦先生的大作出版，填补了盐运河文化研究的空白，就更有其特殊的意义了。

是为序。

吴锦荣

2024年孟春于上塘河沈塘湾

（吴锦荣，高级经济师，地方文化研究学者，浙江龙泉龙渊古剑研究所所长。）

前　言

　　钱塘江两岸自古产盐，最早可以追溯到秦代，主要分布在杭州、余杭、海宁、上虞、余姚沿线，在明代时盐产量居全国第二，钱塘江流域盐业呈南北岸分布，北岸的盐业分布从海宁黄湾自西向东一直延伸到杭州清泰门。钱塘江北岸的盐运河是从海宁黄湾经盐官、余杭（现临平）到杭州的人工和自然水道的总称，自古承担着盐运的重要功能，曾是钱塘江流域的重要经济走廊，更是连接钱塘江与大运河的文化走廊，对海宁和杭州一带的经济文化产生了重要影响。该流域的文化具有濒危性，随着近代江道变迁、盐业改革，以及解放后的围垦造田，该流域的盐业逐渐退出历史舞台；随着城市化的推进，曾经繁华了千年的盐运河一带的物质留存与文化记忆也即将消失，十分可惜。

　　在浙江博物馆的之江展厅中，盐业展区只有不到五米（截至2024年4月），且仅简单陈述了浙江盐业的四个代表性盐业遗址，内容较少。在杭州博物馆中，只有南馆的壁画一角展现了钱塘江煎盐的画面，甚至没有文字描述。盐业是古代浙江和钱塘江地区最主要、分布面积最广、持续时间最久的产业，因此对其及盐文化的研究急需补充。

　　据官方记载，钱塘江北岸的盐运河是上塘河。除了梳理盐运河文化带的文化要素、历史遗存，分析其文化辐射外，本书还根据所剩不多的史料进行探索，提出了新的观点，这些创新观点中也包含了许多新的历史解释，比如卢秉新开盐运河的原因和新盐运河流经之地、王羲之写《盐井帖》和钱塘江盐业之间的联系、苏东坡乌台诗案与盐运河的关系、钱塘江盐业是古代杭州发展之本、余杭的"余"字发音本应该是"tú"、余杭的本意是晒盐的港湾等等，并给出相关证据和推理。

史料探究的工作极具挑战性，它不仅需要对大量史实和文献进行综合梳理，还需要在空间和时间上进行合理推测。宋代地图并未留存，使得这项工作难度倍增，大部分的地图资料只能追溯到明清二代。此外，宋代的文献资料也相当匮乏，缺乏直接证据，笔者只能依靠明清的资料来进行推论。这是一项持续进行的工作，目前我们还无法做到百分之百地还原盐运河原貌。本书是笔者个人阶段性成果的汇总，力求在广集资料、严格考证、无征不信、言必有据的基础上，提出学术观点，并尽可能地还原盐运河的原貌，旨在为宋韵文化、钱塘江盐文化的开发提供坚实的理论支撑。

在资料的搜集过程中，笔者力求全面、来源广泛，汇集了方志、笔记、报纸、诗歌、游记、地理著作、正史、杂史、民间传说与轶闻，甚至一些网络资源。尽管这些资料的来源五花八门、数量庞大，但笔者尽可能筛选可用的资源，进行深入的探讨。

本书的章节安排遵循一定的逻辑顺序。首先对盐运河范围、功能、服务对象、历史意义进行分析。其次对历史遗存进行整理和综述，再对盐运河的文化辐射分别讲解。最后基于上述内容，给出盐运河开发的思路和案例。在过程中，笔者将提供充足的资料作为支撑，并对这些资料进行阐释、分析、归纳和总结。在写作过程中，笔者还会适时插入按语和议论，以便及时说明和补充观点。总的来说，本书的实证部分以史料为基础，推理部分则尽量把自己代入历史环境中，以求准确。这样的结构安排有助于增强本书的说服力，并使读者更易于理解笔者的观点和分析。

目 录

壹

第一章
钱塘江北岸盐运河
遗存考证

钱塘江两岸自古产盐，最早可以追溯到秦代，主要分布在杭州、余杭、海宁、上虞、余姚沿线，明代该区域盐产量达全国第二（《浙江通志》四十七卷）[1]。钱塘江流域盐业呈南北岸分布，北岸的盐业分布从海宁黄湾自西向东一直延伸到杭州清泰门（观音堂盐场）。到了宋朝时期，盐官外的三四十里海滩都是煮海水制盐的地方，蓬勃发展的盐业成为当时政府的主要税收来源之一。

据官方记载，钱塘江北岸的盐运河（下文简称盐运河）是上塘河，即从海宁黄湾经盐官、余杭（现临平）到杭州的人工和自然水道的总称。这些水道的功能指向非常明确，就是为了搬运盐。盐运河以上塘河为主干自西向东运输，也有许多支流自南向北，将江边的盐运往上塘河。此外，从一些零散的史料结合实际河流遗存来看，宋熙宁期间，卢秉还新开了一条盐运河，连通了几个重要盐业地，替代部分上塘河水路盐运的功能。如今，随着近代江道变迁，该流域的盐业退出历史舞台，该盐运河的历史使命也由此终结。因历代溃堤，部分河道也已经深埋地底。盐运河，自古承担着盐运的重要功能，是钱塘江流域的重要经济走廊，也是从钱塘江沿江地区到京杭运河地区的文化传播纽带，对海宁和杭州一带的城市与村落形成，以及对当地经济文化均产生了重要影响。

根据《杭嘉一体化合作先行区建设方案》及《杭州市拥江发展战略规划》，海宁的许村、长安、盐官等古产盐区及盐运河周边地区将排上城市化和工业化的日程；杭州沿江地区进入了《杭州市拥江发展

---

[1]《浙江通志》编纂委员会：《浙江通志》，浙江人民出版社，2017年。

行动规划》的保护区；上塘河也已经是大运河世界文化遗产不可分割的组成部分。而因缺少详细和明确的史料支撑，该区域内的其他盐运河与宋代新开盐运河并不在规划的保护内，将等候新一轮的城市化，盐业历史的痕迹届时有可能会遭到破坏，曾经繁华了千年的盐运河一带的物质留存与文化记忆面临消失的可能，这对于保护、传承好钱塘江文化、运河文化和宋韵文化而言万分可惜。

第一节　钱塘江北岸的盐场分布

钱塘江，自古被称为"浙"，全称"浙江"，在《山海经》中初次崭露头角，因其穿越古钱塘县（即今浙江省杭州市）而得名。

钱塘江流域，自古以来便是晒盐、产盐的胜地，其盐源独具特色，不同于常见的海盐和内陆井盐，而是堪称世界上独一无二的江盐产地。每当潮水退去，滩涂之上便留下丰富的盐分，盐民们便迅速将其收集起来。这江盐之所以独特，在于它借由钱塘江大潮倒灌入江，深入内地。相较于濒海地区，钱塘江两岸的柴薪资源丰富，人口稠密，交通便利，为晒盐、制盐、销盐提供了得天独厚的条件。

在历史文献中，"两浙盐场"的"两浙"分别指的是浙东和浙西。浙西地区，即钱塘江北岸，盐业分布自海宁黄湾由西向东延伸，直达杭州。而浙东地区，即钱塘江南岸，盐场则分布在萧山、绍兴、上虞、余姚等地。历史上，著名的盐场有浙西的黄湾许村盐场、赭山盐场、蜀山盐场、乔司盐场等，以及浙东的三江盐场、钱清盐场、曹娥盐场等。

虽然两岸产盐量在历史长河中保持着相对均衡，但到了清代，地理环境发生变迁，滩涂的整体趋势是北岸坍塌、南岸崛起。从滩涂面积和安全生产的角度来看，北岸的盐产量逐渐下降，而南岸的盐产量则稳步上升，形成了两岸产量"北低南高"的趋势。因北岸的城市繁荣，钱塘江地区的盐也大多往北运输，故在盐业运输和销售方面，北岸始终占据着主导地位。在宋代，盐官就有蜀山盐场、岩门盐场、袁花盐场等八个大型的盐场（见图1-1）。

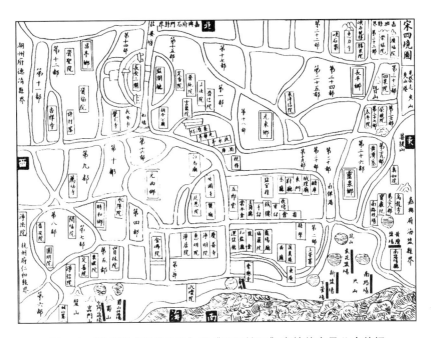

图1-1　明嘉靖《海宁县志》附《宋四境图》中的盐官县八大盐场

以清末浙江盐场分布为例，宣统三年（1911），两浙盐场为31场，其中浙西13场，自西向东分别为：仁和场、许村场、黄湾场、鲍郎场、海沙场、芦沥场、横浦场、浦东场、袁浦场、青村场、下砂头场、下砂二三场、崇明场。浙东18场，自西向东分别为：钱清场、三江场、东江场、曹娥场、金山场、石堰场、鸣鹤场、清泉场、穿长场、大嵩场、玉泉场、长亭场、黄岩场、杜渎场、长林场、双穗场、永嘉场、岱山场。①

---

① 《浙江通志》编纂委员会：《浙江通志》，浙江人民出版社，2017年。

浙东（南岸）的盐场，钱清场、三江场、东江场、曹娥场属于绍兴地区，金山场在绍兴上虞，石堰场属于余姚地区，鸣鹤场在慈溪。清泉场和穿长场在现宁波镇海区，长亭场在现宁波北仑区，大嵩场在现宁波鄞州区，玉泉场在宁波象山，岱山场在现舟山市。黄岩场、杜渎场、长林场、双穗场、永嘉场在台州和温州地区。

浙西（北岸）的仁和场在杭州，许村场在现临平和海宁交界处，江道未改之前还包括了蜀山场、赭山场等现萧山的部分，黄湾场在海宁，鲍郎场、海沙场在海盐，芦沥场在平湖，属于沿海区，再往东就属于现在上海的区域，从地理上来讲不属于钱塘江流域了。

两浙盐场中属于钱塘江流域的主要是指杭州（余杭）、海宁、绍兴的盐场。余姚和慈溪在出海口，也可泛泛归到钱塘江流域。其他的浙江盐场就不在本书的涉及范围内了。

第二节　传统的盐运河

在钱塘江流域，传统的盐运河指的是上塘河，自四五千年前的新石器时代起，上塘河见证了多个朝代的更迭，并多次更名。它的名字由秦时的"陵水道"逐渐演变，最终在明洪武年间被定名为"上塘河"，即我们今日所称的"古运河"。在北宋时期，因为其连接海宁和杭州两个重要产盐区而起到盐运的重要作用，所以它也被称作"运盐河"。从杭州的视角看，上塘河通西湖水，水流经过艮山水门，承接了内外城河之水，过上塘东去汇入大运河，故取名"上塘河"。

两千两百多年前，秦始皇为了统治需求，开凿了陵水道。这条河道是在吴王夫差时期的"百尺渎"的基础上进行疏浚和拓宽而成的。

从那时起，它就成了必需的交通要道和贸易纽带，促进了不同地区间的经济和文化交流。这段历史的演变展示了河流在不同时代的意义和作用，同时也彰显了中国古代人民的智慧和辛勤努力。正是由于他们的开凿和治理，才使得这条河道能够长久地滋养着沿岸的土地和众生，在后世承担起了漕运的功能，成为沿岸地区聚落形成和经济较快发展的基础，也传承着丰富的文化和历史遗产。

在宋代，上塘河航运繁忙，公家漕粮源源北运，私行商旅络绎不绝。市人夹岸围观，渔舟纷纷避让。漕粮、食盐在此聚集，方圆数十里内的村民，在此购置商品和出售农副产品。大量商品和食盐也通过上塘河运输到各地。上塘河凭借这一南北交通要道的优势，促使杭州城发展得更加繁荣。

上塘河横贯临平，自镇中向北的下河直通下塘河，南来北往的船舶如过江之鲫。上塘河在南宋时期是京杭大运河杭州段主航道。宋使北上、金使南下走的都是上塘河水道，在临平赤岸也有着专门用于接待金国使臣的班荆馆。

上塘河，不仅是南北交通的要道，也是吴王夫差和越王勾践攻守的战略要地，还是秦始皇南播中原文化，宣示文化"同轨""同则"的巡视路线。岳飞抗金时，上塘河也是必经之地。

自古以来，多位名人志士曾路过上塘河，如沈括、苏东坡、陆游、李清照、马可·波罗等等。名著《水浒传》中的阮小七和张顺、传说中的白娘子和许仙都与上塘河有缘。

钱塘江盐场的分布相当广泛，数量众多。上塘河东西走向穿过这些产盐销盐场域，承担着相当重的运盐任务。在北宋，出现了一个小插曲，上塘河运盐的功能未能顺利延续，有部分河道出现了堵塞，运盐需走其他河道。而盐在民生经济中非常重要，是朝廷的主要收入来源，皇帝认为"有盐，则国富"，从中央到地方，从生产到销售，层层把控，盐业撑起宋朝的半边国库。《宋史·食货志》载，"今日财赋，煮海之利居其半"。因此，重新开辟运盐道路在当时被认为是非常紧急的事件，朝廷迅速组织另开河道来实现盐运的目的，于是便有了宋代新开盐运河的故事。

第三节　盐运河的变迁与消亡

一、地理变迁

明末清初，钱塘江河口段江道龛山与赭山上下游径流发生了历时数十年的"三门演变"，先后经历龛、赭两山之间的南大门，禅机、河庄两山之间的中小门，河庄山与海宁（盐官）海塘之间的北大门三条流路，江流主槽南北摆移范围达20千米的大变迁，在历史上被称为"三亹（音'门'）变迁"。即江流涌潮从最初行走龛山、赭山之间的南大门，改道至赭山、河庄山之间的中小门一段时间后，又改道至河庄山与海宁之间的北大门，其间经往返摆动，最终于康熙五十四年（1715）左右稳定在北大门。钱塘江水文环境的巨变，不仅使北岸防潮形势更加严峻，也促使人们对沙水变化有更多的认识。

来裕恂在《萧山县志稿》中称钱塘江"三亹变迁"为"江流之冲行，沙路之坍涨，河流之改道"，是"山川之变态中的天然之变态"。

在南涨北坍的大趋势下，原本江北的大批盐场也逐渐退出历史舞台，最后留下的是钱塘江南面新出现的盐场，最后有记载的钱塘江盐场是现大江东的头蓬盐场，直到中华人民共和国成立后依然在生产，但是20世纪60年代初，头蓬盐场所在地大规模塌江，盐场范围逐步缩小，盐民陆续向红山附近的钱塘江滩涂转移。

其中最重要的一次地理变化是明代汤村被淹没，这次地质灾害对之后的盐运线路影响极大。

二、功能变迁

如今由于陆空运输的飞速发展，以及河道的变迁，运河的航运功能已经逐渐退出历史舞台，盐运河历史上百舸争流的情形也难再现。

中华人民共和国成立以来，杭州的城市用地规模和人口规模迅速扩大，城市化进程得到长足发展。2002年杭州市第九次党代会提出"城市东扩、旅游西进、沿江开发、跨江发展"的城市化战略。2007年《杭州市城市总体规划（2001—2020年）》中明确要以杭州主城为中心，以钱塘江为轴线，加强江南、临平、下沙等三个副城和外围组团建设，形成"一主三副六组团"的空间布局。钱塘江在新的规划中是重要的轴带。笔者认为，连接钱塘江和临平地区的地带，就是盐运河文化带。

"城市东扩"在解放生产力的同时，所引起的河流的水污染问题也十分普遍。工业废水私自排放、聚居地卫生条件差、百姓环保意识不足等问题层出不穷。但随着城市化发展理念的转型，杭州河道治理体系愈发完善。积极推进水系连通，建设高质量发展城市已成为杭州政府和百姓的普遍共识。上塘河及其周边的盐运支流，其功能已经转向城市景观河道、居民绿道资源等。

如今举国上下大力弘扬传统文化，盐运河作为钱塘江北岸的重要河道，是对钱塘江盐运河相关历史的重要补充。盐运河文化作为文明的瑰丽珍宝，本身就值得代代相传，对城市规划来说，也能让城市的发展空间更加开阔。

三、备塘河的出现

据《清史稿·卷六十五》记载："（杭州府）城河出候潮门入上塘

河，旧名运河，一曰夹官河，北流，右出枝津为备塘河，入海宁……上塘河自仁和入，流为二十五里塘河，合备塘河，会袁花塘河，入海盐，为招宝塘。"

备塘河在南宋就出现了，通上塘河，之后不断续建，流往海宁，具有运输功能，它更靠近钱塘江和沿江盐场，是盐运的起始，但其更重要的意义是作为盐运的保护线。

在清代《钦定重修两浙盐法志》①中（见图1-2），清楚地标明备塘河与上塘河平行而行，互相之间有水道连接。备塘河与钱塘江之间有着大大小小的团仓（存盐机构），由于备塘河紧挨着产盐区，盐通过备塘河运到上塘河，再从上塘河运往各地会非常方便，这既分担了传统盐运河上塘河的压力，又提高了盐运效率。

为保护杭州城免遭海水侵袭，历朝历代的政府官员和百姓都在与钱塘江潮抗争。吴越国王钱镠运用"石囤木桩法"堆砌"钱氏捍海塘"。石材的铺设使海塘更为坚固，但装石块的竹笼容易腐朽。没有竹笼束缚的石块面对汹涌的浪潮，很快就会被潮水冲散。因此，南宋官员刘垕创造备塘河和土备塘来保卫沿岸的百姓和土地，同时也避免了后来明代汤村淹没的事件因海潮而重复上演。

关于土备塘，有文献讲道："南宋嘉定十五年（公元1222年），浙西提举刘垕又在当地创立土备塘和备塘河。它是在石塘内侧不远，再挖一条河道，叫备塘河；将挖出的土，在河的内侧又筑一条土塘叫土备塘。备塘河和土备塘的作用，平时可使农田与咸潮隔开，防止土地盐碱化；一旦外面的石塘被潮冲坏，备塘河可以消纳潮水，并使之排回海中，而土备塘便成为防潮的第二道防线，可以拦截成

---

① 祖慧，周佳 点校：《钦定重修两浙盐法志》，浙江大学出版社，2023年。

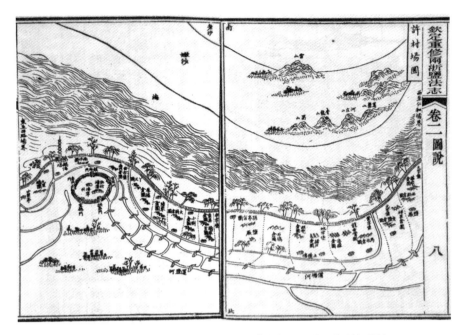

图1-2　清《钦定重修两浙盐法志》（卷二图说，许村场图）

为强弩之末的海潮。"[1]"钱塘江的土备塘，最早记载的是宋嘉定八年（1215），在修复临平的海塘缺口后，曾筑'重塘'（备塘），以防原海塘决口而造成灾害。海宁，海盐在元、明二代亦屡作'备塘''复塘''副塘'等。清雍正年间（1723—1735），为巩固江防，朝廷曾议建大石塘，但因工程艰巨浩大，非数年不成，而旧塘又到处塌损，难以御潮，于是在新塘未成之前，先在旧塘之后筑土塘以道，曰：'土备塘'，以防患于未然。当时所筑土备塘从海宁龟山南麓至仁和李家村（今彭埠镇普福村）一带，长一万四千零四十八丈，塘顶通宽两丈四尺，塘底通宽五丈。此后，土备塘屡有添建，其中海盐—平湖二县境内的土备塘'各长达数千丈'。而钱塘江外围的土备塘，主要是御潮的第二道防线。"[2]

① 朱学西：《中国古代著名水利工程》，商务印书馆，1997 年。

② 陈钦周，杨卡特：《杭州河道文明探寻》，杭州出版社，2013 年。

　　江干地区的土备塘，东起仁和县李家村，西至今四季青的乌龙庙。这一段的土备塘，也是历朝以来便有修筑，至清朝时颇具规模。自乌龙庙至景芳亭为石塘，景芳亭以东均为土塘。据《浙江省水利志》记载，乌龙庙至景芳亭一段，原为主塘，乾隆年间该段塘前又新建了更为坚固的石塘，这一段便成了备塘。由于石塘至景芳亭中断，所以当地老百姓便称其为"断塘头"。①

　　其中笕桥段的备塘河，以前一直叫"蔡官人塘河"，与南宋孝子蔡汝揆有关，他是笕桥人氏。南宋《咸淳临安志·卷三十五》载："蔡官人塘河，在艮山门外九里松塘姚斗门……"清代朱文藻撰有《崇福寺志》，亦云："蔡官人塘河，在艮山门外九里松塘是也……"

　　土备塘，除了是御潮的堤坝外，也是一条地理上的分界线，隔开塘里和塘外。备塘以北，叫塘里，此地的居民基本上是江干一带的世居户。备塘以南，叫塘外，居民也大都因塌江逃难，从对江萧绍等地迁徙而来，这些迁徙而来的居民经济底子弱。所以塘内塘外的生活差异比较明显，如今，随着钱江新城的开发，塘外发生了巨大的改变。如今的土备塘，基本上变成了公路，叫备塘路。部分备塘河及其支流还保存着，但是其功能已经发生改变，成了城市河道景观。

第四节　盐运河的历史意义

　　盐运河的历史以北宋作为分界，北宋之前是上塘河，北宋之后是新开盐运河加上部分原上塘河，在很长一段时间内，承担了钱塘江产盐区

① 陈钦周，杨卡特：《杭州河道文明探寻》，杭州出版社，2013 年。

的运输功能。这是其最主要的意义所在。除此之外，还存在着许多其他的重要意义。

一、语言分界

从传统意义上来说，钱塘江是语言的分界线，钱塘江以北地区为余杭、临平、嘉兴、海宁等太湖片苏沪嘉小片，以及以杭州为代表的杭州小片。而钱塘江以南地区是以萧山话、绍兴话为代表的太湖片临绍小片。

但从当前人口聚落和语言的角度来看，钱塘江北岸的宋代之后的盐运河是比较准确的吴语小片的语言分界线。

人口聚落和语言是具有相关性的。比如翁家埠以北、方桥以东的翁梅地区，刚好属于盐运河穿过的地区，其语言和风俗表现出了多样性。如杭嘉湖风俗中，相传人去世之后要上庙，大麻人上吴王庙，沈士人上骆阳庙，翁梅人上梅墅庙。每个庙都有其相应的管辖范围，梅墅庙的庙界气象大，横跨杭县（旧称）、海宁两个县。

翁梅人的土话更复杂。一个临平山，山北的人叫其"临平山"，翁梅老人叫其"晾网山"或者"郎莽山"。到了翁梅地界，听人说话，大多是绍兴、萧山口音，给人一种跨过了钱塘江的错觉。

翁梅作为宋代之后的新盐运河流经的一带，一个小小的区域分布了海宁、临平口音人与萧绍口音人。而上塘河以北的临平地区，语言相似性就较高。故从语言角度看，翁梅地区是比较典型的语言分界线。

而盐运河南岸的彭埠地区，以备塘河为界，呈现出两种独特的方言风貌。塘里人的语言深受杭州方言影响，却又不尽相同；而塘外人则更偏向于萧山方言。这一地理性语言特色有其历史渊源。

南宋时期，彭埠地区的土备塘和备塘河便已成为人们防御钱塘江潮汐的重要工程。土备塘作为海塘的一种，是人工修建的堤坝，用以阻挡潮水。而备塘河则是在石塘内侧不远处挖掘的一条河道，用于排泄多余的水量。这条河道至今仍存，见证了彭埠镇由江海逐渐演变为平陆的变迁历程。

塘里区域在南宋时期便隶属仁和县临江乡，其居民祖籍多为杭州本地。而塘外区域，尽管历史上行政区划尚未明确，但推测其曾是地质不稳定的滩涂和产盐区。随着钱塘江河床向南岸（即萧山方向）的坍塌，南岸的部分萧山人迁移到对岸（即现在的塘外区域），这样的迁徙活动一直持续到抗战时期。

《钱塘江志》中记载了钱塘江南北岸线的变迁，以及沿岸人民生活的变化。塘外人可能通过彭埠这个埠口，从萧绍地区来到现在的塘外区域，在钱塘江岸边滩涂围垦，逐渐定居下来。由于他们与塘里人、市区人交流机会较少，因此较多地保留了周边萧绍方言的特征。

因此，盐运河以南的彭埠地区，尤其是塘外地区，汇聚了众多具有萧绍口音的人口聚落。从语言角度来看，南宋时期的备塘河与盐运河共同构成了一条自西南向东北延伸的语言分界。这一独特的地理文化现象，不仅丰富了盐运河的历史意义，也为我们提供了研究吴越地区历史文化和人口迁徙的宝贵资料。

二、航运功能

南宋时期，由于杭州独特的地理位置，宋高宗赵构定都杭州，在此之后，杭州的政治、经济飞速发展，城市地位也已不可同日而语。柳永在《望海潮·东南形胜》中描绘杭州为"东南形胜，三吴都会，钱塘自古繁华"，以此由衷地感慨杭州的人稠物穰。杭州地处东南，是吴兴、吴郡、会稽三地的都会，航运极为繁忙。京杭大运河主河道及各条支线，都担负着串联全国南北的重要职责。由于上塘河的常年淤滞，以及钱塘江北岸的海岸线逐渐南移，航运量分流至新的盐运河，让食盐运输更为便利。除此之外，杭州作为都城，纵横交错的水道更是公私两便。盐运河上承上塘河、下连钱塘江，无论是对于杭州城内的生活物资流通，还是对于南下货物的转运，抑或官员往来，都是不可或缺的存在。

三、聚落功能

资源、地景和气候大体限定了人的居住位置，村落的定位就是从这三者中做出选择。运河的开挖，使周围的地理环境发生了根本性的改变。受到水的生态资源和交通资源特性的吸引，在运河沿岸适于耕种的地区形成了一定数量的自然村落。水作为生命之源，不仅能载船远航，更能哺育万物生灵。观察盐运河沿岸的地名可以发现，曾经此处的各类桥、坝、埠头等数不胜数，过去人丁兴旺的场景宛然在目。群体的聚居与这里盐业的发展、盐运河的开挖密不可分。运河沿岸的集市、仓储、驿站等功能性场所诸多，可以与繁荣的中原地区进行贸易互通。盐运河畔的钱塘百姓依水而生，也依水而兴。

四、杭州水系文化的补充

杭州，这座历史悠久、文化底蕴深厚的城市，其三条著名的水系——西湖、钱塘江和京杭大运河，各自承载着深厚的历史与文化内涵。然而，钱塘江的盐运河，尽管同样承载着深厚的历史底蕴，却随着盐业逐渐淡出历史舞台而被大众所遗忘。盐运河是杭州的第四条重要水系，也是杭州水系文化的重要补充，其历史地位和突出作用有待发掘。笔者认为有必要深入挖掘钱塘江盐业历史与盐运河的文化价值，揭示其在杭州乃至整个中国历史上的重要地位。

钱塘江的盐业历史与盐文化，无疑是该地区的核心文化之一，另一个核心文化是海塘。海塘为该地区提供了坚实的土地基础和良好的地理环境，促进了沿江城市的形成和发展。然而，盐对于钱塘江流域的经济影响则更为深远。盐作为当时的重要支柱产业，为钱塘江流域的繁荣提供了强大的资源支持，进一步推动了经济的发展和社会的进步。

盐运河，作为钱塘江盐业赖以生存和发展的重要交通要道，承担着将盐运往京城和全国各地的重任。作为当时经济的主动脉，盐运河在古代扮演着举足轻重的角色。苏东坡监开盐运河的历史记载，进一步印证了盐运河在当时的重要性和历史地位。

在古代，钱塘江和大运河两套水系之间存在着相互依存的关系，这在文化上也得到了充分的体现。但是，随着盐业的逐渐消失，学术界对于这两套水系之间关系的讨论也逐渐减少。然而，如果我们重新审视盐运河水系的重要性，会发现钱塘江和大运河之间的关系远比我们想象的要紧密得多。无论是在物质层面还是精神层面，两者都存在着千丝万缕的关联。盐运河作为钱塘江和大运河两条水系经济文化的连接枢纽，对于理解杭州、临平、海宁等沿线地区的发展史具有重要意义。

盐运河呈东西走向，支流众多，是连接产盐区杭州、临平、海宁三地的关键枢纽。其众多的码头（港和埠）构成了独特的江南水乡景观，但与乌镇、桐乡等典型江南水乡又有着明显的差异。盐运河作为重生产、重运输的水乡模式，建立在重要的经济产区和经济走廊上，既展现了江南水乡的独特魅力，又凸显了其在经济上的重要地位。然而，盐运河也面临着钱塘江侵袭的威胁，这使得盐运河水乡式城镇在快速发展的同时，也承受着巨大的压力和挑战。

综上所述，钱塘江的盐业历史与盐运河在杭州乃至整个中国的历史上具有举足轻重的地位。通过深入挖掘盐运河的文化价值和经济地位，我们可以更好地理解杭州的历史文化和发展脉络。同时，这也提醒我们要珍惜和保护这些具有独特历史和文化价值的资源，为未来的文化传承和社会发展提供坚实的支撑。

第五节　探索与发现：钱塘江北岸
宋代新开盐运河

关于宋代新开钱塘江盐运河的现存资料缺失，宋代之前几乎只有描述，没有地图，也没有关于该运河流经路线的完整记载。因此，在探索这段历史上确实存在但记录不全的运河时，本书用了较多的篇幅进行分析和推断，以尽可能地还原历史的全貌。

一、存在的证据

最直接的历史文献为苏轼的《汤村开运盐河雨中督役》：

> 居官不任事，萧散羡长卿。
> 胡不归去来，滞留愧渊明。
> 盐事星火急，谁能恤农耕。
> 薨薨晓鼓动，万指罗沟坑。
> 天雨助官政，泫然淋衣缨。
> 人如鸭与猪，投泥相溅惊。
> 下马荒堤上，四顾但湖泓。
> 线路不容足，又与牛羊争。
> 归田虽贱辱，岂失泥中行。
> 寄语故山友，慎毋厌藜羹。

后人文献提及此诗与相关历史事件和人物的描述如下：

《苕溪渔隐丛话前集·卷第四十三·东坡六》记载："卢秉提举盐事，擘画开运盐河，差夫千余人。某于大雨中部役其河，只为般盐，既非农事，而役农民，秋田未了，有妨农事。①

《唐宋诗醇·卷三十三》记载："《乌台诗案》曰：'是时卢秉提举盐事，擘画开运盐河，差夫千余人。某于大雨中部役。其河只为般盐。'"②

《诗话总龟·卷三十八》记载："是时卢秉提举盐事，擘画开运盐河，差夫千余人，某于大雨中部役。其河只为般盐。"③

《梦粱录·卷十二》记载："前沙河，在菜市门外太平桥外沙河北水陆寺前入港，可通汤镇赭山岩门盐场。东坡尝雨中督役开汤村运盐河。"④

《苏诗补注·卷八》记载："翰林院编修查慎行撰古今体诗六十九首〈起熙宁壬子秋尽十二月通守杭州时作〉慎按，《咸淳临安志》：先生初至杭，沈立之为太守，明年八月，沈除审官院以去，陈述古来代，时先生在试院，十月燕钱塘进士于中和堂，随以督开运盐河至盐官，十二月运司又差往湖州，相度堤岸，半年中事迹如此……"⑤

后世多部著作提到开盐运河，并对该事件进行描述说明，时间地点人物事件明确，且确定了盐运河功能只是运盐。其中，《梦粱录》和《钦定四库全书》中的表述与其他略有不同，但从时间1072年10月和地点汤村来看，指的是同一件事、同一条运河。《梦粱录》的记载中还提到了盐运河的流经之处。

从地理的史实来看，宋代汤村以南海岸线一直延伸到赭山，其遍布盐场，这些盐场的盐要运到海宁或者杭州，需依托上塘河以南的一条运河，最终会汇入上塘河，这与以上文献中的描写在地理方位上相仿。《梦粱录》中甚至直接将其称为汤村盐运河。

---

① （宋）胡仔：《苕溪渔隐丛话前集》，人民文学出版社，1962年。
② （清）爱新觉罗·弘历：《唐宋诗醇》，中国文学出版社，2000年。
③ （宋）阮阅：《诗话总龟》，人民文学出版社，1987年。
④ （宋）吴自牧：《梦粱录》，浙江人民出版社，1984年。
⑤ 《钦定四库全书》，集部，别集类，北宋建隆至靖康，《苏诗补注·卷八》，影印本。

综上所述，宋熙宁五年（1072），由卢秉提议并规划，苏轼监督工程，新开一条经过汤村的盐运河是史实。结合时代背景和诗词内容，可以得出以下信息：

（1）由"盐事星火急""秋田未了"等信息可以看出当时开这条运河因某种原因而非常紧急。

（2）经过汤村代表此盐运河不是上塘河。汤村是乔司的前身，也有汤镇、仁和等名字，在上塘河南面5公里开外。

（3）在宋代，开运河是件大事，且与盐业相关，必然要经过朝廷的任命和拨付，从诗歌与文献描述的"千人"和"至海宁"等信息也可以看出工程的规模之大。

（4）此事官方记载较少，主要来源均为苏轼诗歌和对其的注解。主要当事人的传记《宋史·卢秉传》中也未提及此事，但《宋史》中宋代著名的谏臣刘安世在评价卢秉时却提及此事，评价其为"行盐法以虐民"。可见这段历史劳民伤财，表面批评卢秉，其实是批评卢秉背后的王安石，也是间接批评皇帝，有碍后世评价。此外，苏轼的这首诗歌与其乌台诗案直接有关。所以综合来看，官方记载较少有其特殊原因，也加速了宋开盐运河的史料记载的消失。

从现代文献来看，《浙江水利志通讯》总第1期记载：早在北宋时期，从赭山有河道通上塘河，苏东坡在1089年任杭州知州时，开盐运河……①（实际时间是1072年作为杭州通判督开盐运河）由这些资料可知，赭山与上塘河之间，西自杭州，东至盐官，是一片平原，地势高低相近，故可知自赭山开河运盐直达杭州城内。

现代文献记载较少，多为研究者的理解和分析，甚至有不够严谨之处，只能作为参考，不能作为直接证据。

---

① 浙江省江河水利志编纂委员会：《浙江水利志通讯》，第1期，1984年。

宋开盐运河普遍公认、沿用至今的说法是指上塘河，源自施家桥，从杭州城区丁桥镇进入余杭境内，穿越星桥镇、临平镇，至施家堰进入海宁，经海宁盐官镇进入钱塘江，全长48公里，承担往杭州运盐的业务。另一种民间普遍的说法是，盐运河指海宁黄湾到翁家埠，长百里。目前上塘河已经申遗成功，其作为盐运河的历史得到学术界的普遍认可。后者无迹可寻，只有零散的史料和地图作为依据，且有许多依据是间接依据，需要结合现有河流留存、宋朝的时代背景、相关人物的性格特征、历史文献的准确注解、古代地图、当地老人的采访等资料共同解读和分析，才能更加准确地还原。

关于北岸运盐路线的官方记载并没有专门的文献。《浙江通志·盐业志》①中只记载了绍兴、宁波等地的运销路线，但未收录运销集中地杭州和海宁盐官的运销路线，也未提及此处的盐运河。

清《浙江全省舆图并水陆道里记》②只记载了上塘河及其支流备塘河，以及备塘河通往上塘河的相关水道。

清《钦定重修两浙盐法志》③一书的"许村场图"中标有运盐河，它是指上塘河，但在"仁和场图"中画有非上塘河的其他河道，过乔司和翁家埠，该河具有连通盐场的功能，标注为运河，但节点并未完全标注清楚。

有一些关于盐运河的民间记载来自和睦联桥附近的老人：和睦港及其支流在以前是有船做摆渡生意的，敲小锣的去杭州，吹海螺的去临平，而和睦港支流后河，就是苏轼所开盐运河。后河就是俊河，即现存的浚河。

总之，该运河是存在的，但缺乏准确且完整的记录。由于南宋江

---

① 《浙江通志》编纂委员会：《浙江通志》，浙江人民出版社，2017年。
② （清）宗源瀚：《浙江全省舆图并水陆道里记》，学苑出版社，2019年。
③ 祖慧，周佳 点校：《钦定重修两浙盐法志》，浙江大学出版社，2023年。

道稍改，明代有过大的江坍事故，所以完整存在的时间不长。但是其剩下的河流为后人所用，在历史上发挥了运输的作用。

二、新开盐运河的原因

在苏轼的《汤村开运盐河雨中督役》中，得以窥见一场关于开盐运河的历史事件。诗中描绘了卢秉命人指挥千名劳工，不惜放弃农业生产，冒雨连夜开凿河道的壮大而又辛酸的画卷。这一举动无疑是对盐时状况的急迫应对，引出了对开盐运河必要性的深入思考。

从历史角度来看，卢秉曾在对西夏的战争中立下赫赫战功，因此后世对他的官场表现和性格评价总体是积极的。然而，《宋史·列传·卷九十》中，刘安世评价卢秉行盐法"虐民"，使得他在历史上的评价略有瑕疵。这进一步说明，当时的盐运状况紧迫到不得不采取非常规手段的程度。原本承担盐运任务的河道，如上塘河等，必然是遭遇了严重的问题，才使得开凿新的运河成为迫切需求。

在分析过程中，我们进而探究开盐运河背后的深层原因。一方面，随着农业生产的日益发展，以及北宋人口的快速增长，对盐的需求也在不断增长，原有的盐运系统可能已经无法满足社会的需求。另一方面，当时的交通运输条件相对落后，河道运输无疑是成本较低、效率较高的方式。因此，开凿新的盐运河不仅是对现有盐运压力的缓解，更是对经济发展需求的积极响应。

为了更全面地理解这一历史事件，我们还可以考察当时的社会背景。在古代中国，盐业是一个重要的经济领域，关系到国计民生。因此，盐运的问题不仅仅是运输问题，更是涉及国家经济安全的重要问题。卢秉作为当时的官员，果断采取行动解决盐运问题，无疑是紧急而必要的举动。

苏轼的《汤村开运盐河雨中督役》不仅是一首描绘历史场景的诗

歌，更是一面历史的镜子，反映出那个时代的社会风貌和人民的生活状况。通过对这首诗的深入解读，我们可以更加全面地理解开盐运河这一历史事件的重要性，以及它对当时社会经济的影响。为了尽可能还原历史真相，探究当时到底发生了什么，笔者搜集了以下线索作为证据，并对证据不全的部分作了符合常理、符合当时历史背景、符合人物性格的推理。

《苏轼集·卷五十七》①记载：轼于熙宁中通判杭州，访问民间疾苦。父老皆云："惟苦运河淤塞……"北宋的运河指的就是上塘河，而新运河是元末张士诚所开凿的。可见宋神宗熙宁年间，上塘河有过淤堵。此处指向的开新盐运河的原因是上塘河淤塞，运盐无法实施。再从上塘河皋亭山段傍山而流的地理位置来看，此处逢大雨容易受到山上的泥沙冲击，造成淤堵。地理特征也是支持这样的观点的。

苏轼在督开运盐河的时候写过另外两首七律诗——《是日宿水陆寺寄北山清顺僧二首》：

草没河堤雨暗村，寺藏修竹不知门。

拾薪煮药怜僧病，扫地焚香净客魂。

农事未休侵小雪，佛灯初上报黄昏。

年来渐识幽居味，思与高人对榻论。

长嫌钟鼓聒湖山，此境萧条却自然。

乞食绕村真为饱，无言对客本非禅。

披榛觅路冲泥入，洗足关门听雨眠。

遥想后身穷贾岛，夜寒应聳作诗肩。

①（宋）苏轼：《苏轼集》，中州古籍出版社，2010年。

这里的水陆寺是苏轼监督开河工程的临时住所和工作指挥部。杭州历史上有三个水陆寺，两个在城内，一个在上塘河赤岸附近，现存有水陆院遗址，纪念苏东坡开河住宿于此。结合当时开河工程的紧迫情况和城里城外距离较远，苏轼选择住在就近的水陆寺展开工作是符合历史情况的。从诗歌描述的情况来看，"草没河堤雨暗村，寺藏修竹不知门"，草没河堤有三种符合常理的情况：其一是河堤为土堤，本身长满了草；其二是河堤为石堤，本身不长草，因运河干涸，露出两侧较浅的河床，河床上长满了草，草没过了河堤；其三是皋亭山泥沙冲刷，导致长期淤堵而长草。从史料记载和多处考古发现来看，宋代运河河堤采用的石材较为常见（据《中国通史》记载，景祐年间（1034—1038），两浙转运使张夏作石堤12里，自六和塔至东青门[①]。又据《东京梦华录》记载："近桥两岸，皆石壁，雕镂海马水兽飞云之状。"[②]）。且上塘河是重要的运输河流，财政和经济影响巨大，此段又是上塘河最重要的区域，是入杭门户，南宋的班荆馆也选址在此地，再结合上塘河上的古桥也多为石桥，比如始建于唐贞观年间依锦桥（现称"半山桥"）便是台阶石拱桥且两侧有青石板纤道的情况，由此推论此段河堤材料为石料是一种历史的必然。所以，后两种情况更加符合诗句描写的场景，无论是第二还是第三种可能，均指向上塘河当时长满了草，无法支持盐运的事实。

《是日宿水陆寺寄北山清顺僧二首》中"长嫌钟鼓聒湖山，此境萧条却自然"，表达了此地以前是热闹的，现在却非常萧条的反差。"披榛觅路冲泥入，洗足关门听雨眠"描写了冒雨踩着泥巴回到住所的情景，也侧面证明了上塘河淤堵的情况。前一首诗中的"草没河堤"和

---

① 陈振：《中国通史》，上海人民出版社，1999年。

② （宋）孟元老：《东京梦华录》，中州古籍出版社，2010年。

此首诗中的"此境萧条"的线索也暗示了上塘河无法通行的时间已经很久了。

除了上塘河淤堵的原因外，还有一个原因是当时钱塘江流域产盐量庞大，宋代两浙路盐民的制盐产量也庞大，"盐以石计者，浙西三州一百三十万，浙东四州八十四万"[①]。可见，陆路运输已经满足不了，急需新增水运路线将当时高产量的重要盐场用水路连接起来，这也是开盐运河的原因之一，上塘河淤堵加速了朝廷开新运河的决心。

还有一种可能是据《宋史·河渠志》记载，北宋末年的钱塘江已"北趣（趋）赤岸口二十里"。原本接近皋亭山的海岸线由于泥沙淤积，逐渐南移。因此，靠海吃海的盐场不得不另开一条新运河作运输用，这条新线路就在汤村（乔司）附近开挖。也就是说，宋代新开盐运河的主要原因是盐场远离了上塘河，为了运盐更加方便，所以开挖。《浙江水利志通讯》（总第1期）曾绘制过宋时钱塘江江道与盐场示意图，其中可以看到皋亭山东侧还有一条水道串联翁家埠和乔司，在许村处与上塘河相接壤。

笔者认为宋代新开盐运河是在以上多种原因的共同作用下导致的。

三、流经考证与推理

北宋在水利建设上已经有了较高的技术，比如宋熙宁元年（1068），上塘河长安堰改建成长安三闸，形成复式船闸，体现出较高的技术水平。当时已经完全具备开掘运河的技术条件和技术经验。在考虑开凿运河的路线时，我们还需要全面考虑多个因素，包括地理条件、经济效益、成本预算、开河目的及风险预期等。这些因素相互关

[①]（清）毕沅：《续资治通鉴二》，岳麓书社，2008年。

联，缺一不可。地理条件是决定运河路线的首要因素。开凿运河先要
选择熟地，如果是地基不稳定的地区，则风险很大，何况钱塘江北岸
本身就是常年被潮水冲击，地势变化较大，因此必须根据当地的地理
特征来选择最合适的路线。同时，还要考虑到地势的高低起伏，以便
在施工过程中保持适当的坡度，便于船只通航。此外，还要吸取上塘
河淤堵的经验教训，选择线路时要避免山泥冲刷。

除了地理条件外，经济效益也是决定运河路线的重要因素。开凿
运河的目的是促进贸易和交通的发展，因此必须考虑运河沿线的经济
需求和潜力。在规划运河路线时，需要充分了解沿线地区的经济基础
和盐场的位置。同时，要考虑如何降低运输成本，提高运输效率，比
如要挖多深、建多宽等，还要适应现有船只船型使用运河的频率。

成本预算是另一个关键因素。开凿运河是一项庞大的工程，需
要投入大量的人力、物力和财力。因此，在规划运河路线时，必须
充分考虑施工难度和成本。钱塘江北岸水系较多，但情况各不相同，
选择已有水系进行改造拓宽，是降低成本和提高工程可行性的重要
途径。

开河目的也是影响运河路线选择的因素之一。比如，如果开凿运
河是出于军事目的，那么在选择路线时需要优先考虑战略价值；如果
开凿运河是出于商业目的，那么在选择路线时需要优先考虑经济效益
和市场前景。这里开运河的目的，史料已经提及，是只为运盐，那考
虑的条件就要围绕盐运的利益。

最后，风险预期也是不可忽视的因素。开凿运河是一项风险较高
的工程，需要考虑各种可能出现的风险和不确定性。在规划运河路线
时，应充分评估各种可能出现的风险，并采取相应的预防措施，以确
保工程的安全和顺利实施。

结合宋代的实际情况来看，开凿运河的路线选择需要综合考虑上

述因素。除了通过对史料和地图的综合考证来推测和论证运河的路线和走向外，也需要考虑到宋代社会的政治、经济和文化背景，以及当时的技术水平和资源条件等因素。

（一）流经重要节点考证

（1）第一个已经掌握的节点是前文苏轼诗名中的汤村，现今人们所知的乔司在宋代时期被称为汤村。尽管明朝永乐年间，潮水淹没了这一地区，迫使居民迁移，但汤村在钱塘江北岸杭州临平地区的历史地位与价值并未因此被埋没。

据姚虞琴《临平记再续》[①]记载：汤村陷没，今镇市以乔司著名，似其地与古汤镇小有别，旧云镇去（仁和）县五十里，或四十一里，今乔司去县实三十里。他明确指出，汤村淹没后，乔司成为知名的市镇。然而，这并不代表乔司与古代的汤村完全一致。根据他的记载，旧时的汤村距离仁和县五十里或四十一里，而现今的乔司则距离县三十里。由此推断，汤村大致位于现今乔司中心的东南方向十里处。

为何在汤村开凿盐运河？北宋时期，汤村已发展成为杭州最富裕的城镇之一。这主要得益于其毗邻盐产区且人口密集。《水浒传》里有一段关于汤村的描述："正将朱仝等，原拨五千马步军兵，从汤镇路上村中，奔到菜市门外，攻取东门，那时东路沿江都是人家，村居道店赛过城中。"[②]南宋的汤村，已经"户口蕃盛，商贾买卖者十倍于昔，往来辐辏，非他郡比也"[③]。这进一步证明了北宋时期汤村的繁荣景象。

当然，除了其在商业上的突出地位外，汤村在水路交通方面也具有关键性意义。苏轼的描述及周边发达的水路交通网络均体现了汤村作为交通枢纽的重要性。这不仅加强了汤村与外界的联系，同时也推

---

① 姚虞琴：《临平记再续》，浙江古籍出版社，2012年。
② （明）施耐庵：《水浒传》，人民文学出版社，1997年。
③ （宋）吴自牧：《梦粱录》，浙江人民出版社，1984年。

动了其经济的持续繁荣。

总体而言，通过深入研究和分析历史资料，我们可以全面地看到宋代汤村的重要性和历史地位。史料不仅揭示了一个昔日繁华小镇的历史风貌，也为人们提供了宝贵的视角来思考和探究那个时代的社会、经济、交通等方面的状况。

（2）第二个关键节点是上塘河与赤岸港的交汇处，即赤岸桥所在处，位于皋亭山南侧及水陆寺的西南方向。根据苏轼的诗中描述及开河的各种客观原因，上塘河在经过水陆寺附近的河段已经失去了航运功能，但这并不意味着整个河段都失去了航运能力。从盐运河的设计目标出发，新运河的目标是绕开淤堵段以实现盐运。考虑到赤岸桥附近的上塘河河段并未干涸或淤堵，并且具备航运能力，因此，将新开盐运河在此处汇入上塘河是一个相对合理的选择。此外，从成本角度来看，较短的运河路线可以降低成本，这也符合当时开河的历史背景。从清代的《仁和县五里方图》[①]（见图1-3）来看，赤岸桥南侧有两条汇入的水道，西侧为赤岸河（又称赤岸港、丁桥港），而东侧则未标注名称，但可以通往乔司。无论是走哪条路径，汇入上塘河的节点都指向赤岸桥处。综合以上因素，以及现存的水路遗迹和历史地图，我们可以推断新开盐运河在赤岸桥处汇入上塘河的可能性最大。

理由有五：

其一，赤岸名气较大。从三国时至清代，上塘河沿线设了多个驿站，其中就有赤岸驿。北宋时，赤岸驿已升格为"候馆"了。此外在南宋《咸淳临安志》[②]中有记载："赤岸河，在赤岸南……"南宋时赤岸地区建有班荆馆，陆游的《入蜀记》中记载："过赤岸班荆馆……北使

---

① 杭州市档案馆：《杭州古旧地图集》，浙江古籍出版社，2006年。

② （宋）潜说友：《咸淳临安志》，浙江古籍出版社，2012年。

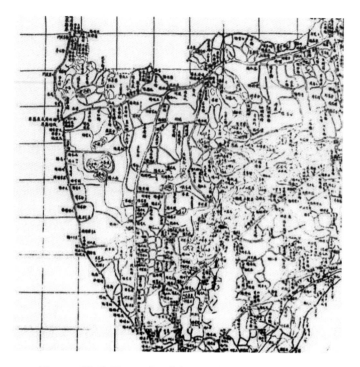

图1-3 《仁和县五里方图》(引自《杭州古旧地图集》)

宿顿及赐宴之地。"其实班荆馆不在赤岸桥,而是位于现在的临平星桥,宋时统称赤岸地区。从以上记载可以看出当时赤岸的重要性和知名度是高于周边地区的,其地名出现的时间也是周边地区最早的。由此可以假设,在北宋开盐运河时,如果新老盐运河的交汇处不在赤岸桥或者赤岸港,那么周边必然有其他重要的港口和更具有影响力的地名。但事实上周边的地名大部分晚于赤岸,同时代的地名影响力也不如赤岸。

其二,有明确的流通记载。赤岸河连通乔司在清代有明确的史料记载,据清《浙江全省舆图并水陆道里记》所载:"有赤岸桥港水,自赤岸桥分上塘河之水,自西北来注之。"①历史上除了北宋开盐运河的开凿

---

① 浙江省通志馆:《重修浙江通志稿　标点本》,方志出版社,2010年。

记录和南宋蔡官人塘的开凿记录外，清代之前并没有其他赤岸到乔司地区的开凿记载。再者，汤村在明永乐年间被潮水淹没，但没有史料证明汤村以北地区自北宋以来遭受过潮灾。虽然这段河流只有清代的文献记载为证，但是其在北宋就已经存在，并沿用到清代的可能性极大。

其三，此处有支流分摊，不易形成淤堵。赤岸桥虽然也在皋亭山流域，但没有直接证据能证明这段河淤堵了，从位置来看，赤岸河在上塘河南边，与其交汇，如果皋亭山有淤泥冲击到此，可往南分流。从地理条件上讲，此处具备分摊淤泥的有利条件，与水陆寺段相比更加不易形成淤堵。

其四，赤岸桥南的两条河流支流较多。新开运河的可塑性和可控性较强，运河开凿最经济的方案是在原有水路的情况下挖深拓宽，而非重新挖掘，贯通的小河流越多，路线选择就越多，还有引水的便利性，这些都是开运河的有利条件。

其五，距离淤堵段近。赤岸桥是距离淤堵段比较近的汇入点，不用绕远路，符合经济原则。此外，选择靠近赤岸桥的水陆寺住宿会大大减少路程，对其监督工作是有利条件，这一点也增大了在此处开河的可能性。

（3）第三个重要节点是槎渎，即现和睦港流域，此河道与上塘河交汇处为星桥。槎渎是在宋代时期的叫法，到了明代叫槎溪，渎现在的意思是小渠、小溪，但也可以用来形容大河大江，如古代就将长江、黄河、淮河、济水并为"四渎"。明代《成化杭州府志》解释了槎渎演化为槎溪的过程，指出在古代由于江海倒灌，水面宽阔，因此称"渎"。然而随着时间的推移，海水退去，水面淤塞，便形成了"溪"。这说明渎和溪是有大小差异的。至于《成化杭州府志》说的渎变溪的理由，笔者认为是不对的，当时已有海塘，海水经槎渎倒灌至上塘河，可能性不大，并且上塘河的海拔是高于钱塘江的。但从这些信息可以推测到，首先槎渎原本是可以行舟驶船的，其次，淤堵后变成小溪，从位置来看，其淤堵的原因极大可能是皋亭山泥石冲击，这与宋代上塘河皋亭山段的淤堵属同一个原因。那么槎渎就不太可能是盐运河的支流，而大概率是受淤泥影响较大的支流，或者是用于分摊上塘河淤泥的支流。故槎渎淤堵变槎溪的这段历史，更能支持赤岸港是宋代新盐运河路线的观点。此外，"槎"这个字的意思是木筏。从名字来看，这是一条可以用来行船的河道，但行的是木筏、小船，说明槎渎是宽度有余、深度不足的河流。假设槎渎能支持盐运，那么极有可能是支持小船来完成轻量的盐运。

（4）第四个重要节点是赭山，新开的盐运河除了绕开上塘河的淤堵段外，是否连接赭山、岩门是一个有待考证的问题。首先，《梦粱录》写道："前沙河，在菜市门外太平桥，外沙河北水陆寺前入港，可通汤镇、赭山、岩门盐场。"这说明在南宋时期，已有河流通往赭山盐场。其次，宋代时，赭山一带归属盐官，附近都是晒盐的滩涂。当时，钱塘江走的还是南门，赭山在江北，赭山以北是一片平原，地理上具备开运河的条件。再次，新开的盐运河如能往南流到赭山及其周边的盐场，也是符合《四库全书》描述的盐运河开凿事件中"至盐官"的语义，因为赭山当时也是属于盐官的。并且，历史文献中提到的"只为般盐"四字，表示其目的非常明确，且《皇宋中兴两朝圣政》中提到，当时盐产量大，赭山是重要产区，所以新开水路从赭山运盐也是当务之急与合理选项。最后，《读史方舆纪要》写道："赭山港……五港皆分运塘河之支水，南抵海塘岸。"[①]后堙废。赭山港现有留存，流经杭州临平区南苑街道，北面连通上塘河，南到幸福闸，与赭山隔江相望。根据当时河流命名的普遍原则（如赤岸港、乔司港），

---

① 顾祖禹：《读史方舆纪要》，中华书局，2005 年。

赭山港是一条连接赭山与上塘河的水道。

江道北移后赭山以北的运河早已没入江底。虽无法直接考证，但是，从清代沈宗骞的《浙江海塘图》（见图1-4）中看，当时的江道是走中小门，翁家埠往南有一条明显的水道流向钱塘江，方向朝着对岸的赭山，该河流大概率是曾经赭山港的遗留段。另外，从《盐官县境图》（见图1-5）看，交汇处在许村寨以西的位置，此处有一条河流连接上塘河与赭山，东有荐福寺。对照当今地图，结合宋代地名情况，此条河流应为赭山港。

图1-4　清沈宗骞《浙江海塘图》（杭州海塘遗址博物馆提供）

《仁和县五里方图》（见图1-3）显示，仁和县县内的上塘河最东处有盐官第一桥和施家堰，下面有一条重要的运河水道通往万成桥和翁家埠，此条水道途经闵家桥，从地理位置来看，这部分是属于现赭山港的，其支流也是通往乔司的，对应张尔嘉的《临平图》（见图1-6）看，此支流叫汤溪。

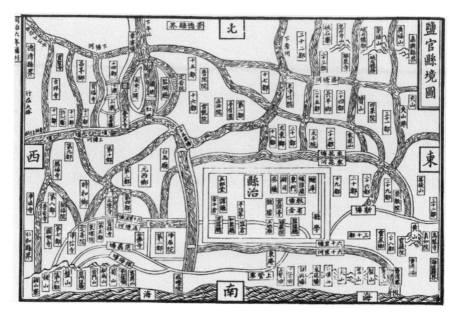

图1-5 《咸淳临安志》中的《盐官县境图》

另外有一条现存的水系，与上塘河交汇，叫翁埠港，关于此水道，历史上记载较少，它以翁埠命名，可见距今历史较短，其名出现在清代之后，并且沿线没有任何宋代之前的历史古迹，故可排除。此外，历史上还有一条天门港，位于许村东侧，北通上塘河，南入钱塘江，因另一端不通乔司，故可排除。综上所述，通往赭山的河流，即赭山港河道，符合盐运河开凿的意义和目的，古籍和现实留存均证明其存在合理，且宋代之前并没有关于赭山有运河运盐的记载，故此段河流是北宋新开的盐运河，或者疏浚已有河流当作盐运河使用的可能性极大。

（5）第五个重要节点是盐运河靠近盐官的上塘河汇入节点——梅堰、龙兴寺（隆兴寺），宋代盐官的范围要比现在大，包括许村、赭山在内，从南宋《盐官县境图》看（南宋的图比明清更有历史说服力），许村到赭山的水道以西是盐官与杭州交界的部分，该处只有上塘河一条水道自杭州进入盐官，由此可以推断，新开盐运河与上塘河的汇合节点应位于杭州境内，而不在海宁境内，这也符合经济原则，即不需要绕太远，避开淤堵段汇入上塘河即可，再深入盐官境内去实现运盐目的。汇入节点的判定要符合一个原则，即历史地名的年代准确，汇入点选择必然要考虑在宋神宗时期是否已经存在且配套成熟，因为新开运河较大的可能会选择已具经济效益的路线。如果选择开荒模式，那么建完之后其周边的地名在历史上应有留名，即宋代就有这个地方。如果周边标志性的地名刚好就是建盐运河那几年出现的，那么对其的判定准确度就更高。此外确实要有河道相通，因上塘河附近不受来自南方的潮水冲击，河道变迁的情况较少，所以有河道相连是比较靠谱的证据。从史料和现有河流保存情况，以及周边地名出现的时间来看，有两种情况可能性较高，一种情况是在许村附近汇入，许村在宋代叫许寨，南宋《盐官县境图》显示许村与赭山有河道相连，因其经过荐福寺，故此河道与现赭山港的流经是不一样的，但不排除图中描述的许寨范围非常大，囊括了西面的临平部分地区。另一种则是在龙兴桥处汇入，龙兴桥在宋代已经存在，历史上著名的事迹是宋高宗迎接韦太后返宋，当时发生在龙兴寺，龙兴寺原名妙华寺，龙兴桥处与现赭山港通过几条支流相连。从《临平图》来看，经赭山港汇入上塘河的河流是有明确记载的，其经过梅堰，附近有隆兴寺（龙兴寺）。梅堰也叫梅潭堰，其名字正好与顺着赭山港而下的梅墅有着文字上的联系。梅墅的建造年代非常早，《临安志》记载："宝林庵，在临平镇梅墅，开庆元年（1259），邑人闵道心建。"梅墅的梅是因姓得名，还是因树得名，民间各有说法。因为梅堰的存在，梅墅的梅是因姓得名的可能性更大，如果是梅姓人出资建造的梅堰，那么梅堰的年代起码是早于南宋的。梅墅附近有一个仙家桥，其实是"西佳"的转音，吴越国王钱镠手下的猛将吴公约，就曾经镇守西佳。唐代罗隐《吴公约神道碑附诗》中写道："乃自西佳，迁于碛石。"这说明该地区较早就有人居住，在唐代已经是成熟的地区了，那么梅墅的历史可能还要往前推。

综上所述，梅墅出现的时间最晚是南宋，根据周边地区的史料推测，早于北宋甚至早于唐代的可能性都是较高的，梅堰的情况也应相近。那么宋代新开盐运河从梅堰处汇入上塘河是有极大可能的，也符合地名因素的历史条件。

（6）第六个节点是翁家埠，翁家埠在宋代是没有记载的，在乾隆第六次南巡，当地官员呈送的地图《安澜园至杭州府行宫道里图说》（见图1-7）中，标着"翁家埠汛"，代表其还是一个军营驻防地，现翁家埠集镇中心竖着御碑，记下了乾隆四十九年（1784）起修筑海塘的事迹。清代和民国时期翁家埠发展成了一个较为繁华的集市。关于翁家埠的起源，没有更早的史料记载。翁家埠位于现临平区、钱塘区和海宁市三地交界处，笔者的观点是盐运河经过现翁家埠所在地，再分两路流往许村与赭山。因处于重要交通位置，埠是有码头的城镇，此处极有可能承担着盐运河码头的功能，随着翁家埠逐步发展起来，翁家埠是盐运河的重要节点，是盐运河孕育的结果。

论据有三：

其一，地理位置符合，在《盐官县境图》中，许村西到赭山的河流东边有荐福寺，而今天荐福寺西南两公里便是翁家埠，由此可见这条通往赭山的水道的位置附近就是现翁家埠，甚至流经翁家埠的可能性很大，只是南宋还没有翁家埠这个地方，故未标出来。

其二，从《临平图》来看，赭山港转到天开河，再流往翁家埠方向，这与现实情况是符合的。从《浙江全省舆图并水陆道里记》来看，有一条南北走向的河流从施家堰流出，往南到万成桥，万成桥在翁家埠西，现天万村、万常村附近。此处是新开盐运河流往上塘河的水道的可能性较大。

其三，《盐官县境图》中西边没有从汤村过来的河流交汇。这里有三种可能：一是该图只是画到了盐官县边界，属于仁和县的没画，但是画面中上塘河往西流出是有的，往东流出的河流也有交代，盐运河没画的这种可能性不大。二是宋人普遍认为盐运河是劳民伤财的工程，皇帝也不愿提起，故没有画出来，再结合《宋史》对卢秉的评价，可以推断这个可能性是有的。三是北宋苏轼监督的那个工程并未开凿到此，此运河是南宋以后开凿的，这种可能性也是存在的。《嘉靖仁和县志》①描述蔡官人塘河，其西南接后沙河，东北达赤岸河。

翁家埠是从汤镇流往许村西的途经之处，也是流往赭山的途经之处。因处于重要交通位置，故翁家埠逐步发展起来，清代江道变迁之后，此地也成为重要盐场，这必然有其历史原因和运输优势，其周边的水道都是非常具有考察价值的。

综上所述，宋代新开盐运河往南绕开上塘河淤堵端实现盐运功能，连接上塘河的节点分别位于赤岸桥与龙兴桥附近，并连接汤镇、赭山等重要盐场，以取代陆路运输。新开盐运河还孕育了翁家埠这个重要的盐业小镇。以上六个重要的节点勾勒出了宋代新开盐运河的基本走势和蓝图。

（二）流经段落考证

关于该运河的史料与地图留存多为南宋之后的，故使用的河名与地名是对其位置跨时空的指代，并不是北宋的时候就以此为名。在政治和经济层面，北宋的杭州远没有南宋定都后那般重要。许多村落居民是南宋时从北方迁徙而来的，甚至这些村落就沿这条新开的盐运河而建，以享受交通之便。盐运河除了经过前文的重要节点外，其具体

---

① 杭州市地方志办公室：《嘉靖仁和县志》，西泠出版社，2012 年。

的流经段落要结合河流的穿插关系、河流的现有留存情况、与古代地图的相似性，以及开河的目的等综合考证。

（1）赤岸河：根据上文节点论证，赤岸河是盐运河近杭州段，于赤岸桥处汇入上塘河。赤岸河一直往南流，在南宋《咸淳临安志》中就有记载："赤岸河，在赤岸南。自运河入，通高塘、横塘、诸河。"（在当地人口中，河港、港指的是两头与其他河流连通的河，类似的有乔司港、和睦港等。）赤岸河不是直接流到汤镇的，它只是盐运河的流经段落之一，盐运河整体要流往东南方向的汤镇（乔司镇），必然要转到往东流的河流中。清代张尔嘉的《临平图》中有一条通往汤镇的路线，即在丁桥北的支流处转往东流，经一条横港汇入和睦港（此条横港暂不详解，其名称和遗存在下文的和睦港考证中具体展开）。笔者的观点是此段横港和赤岸河丁桥以北段就是盐运河的一部分，理由有二。

其一，根据《浙江全省舆图并水陆道里记》中关于备塘河乔司镇的描述，分赤岸港河有水自西北注之。按照语义，该河流的整体流向是自西北往东南走，而不是一直往南再直角拐弯往东，如果是后者，那文字表述应该是分赤岸港河有水自西来。西北至东南的走向缩短了运河的流经路线，有利于节约成本。故从该横港流入再按照往东南方向的曲折路线连接汤镇，是符合开凿运河的条件的，再结合上文对重要节点赤岸桥的分析，此段河流属于盐运河的可能性极大。

其二，运河越靠近内陆，土地越扎实，受潮灾的风险也越小，后来汤镇在明代沉没于潮灾。在当时的地理条件下，就算不考量距离，从风险规避的角度考量，西北往东南的走向也是最佳的选择。

此处尚有另外一种选择，即赤岸河一直往南，流到笕桥，再往东连接汤镇。这样的走法是否可以实现更好的经济效益呢？笔者不支持这个观点，理由有二：第一，虽然笕桥历史悠久，在隋唐便有记载，且较繁华，但此地以产蚕桑、棉麻闻名。盐运河的目标很明确，只为运盐，故不符合官方目的。第二，如果盐运河经笕桥，路线便绕得比较远，再加上开盐运河的工程本身就有苛政虐民之嫌，故走笕桥不符合经济和政治上的考量。

（2）和睦连桥，大农港，后河：和睦港北通上塘河，南通钱塘江七堡闸，支流众多，有八字桥港、小畈港、方桥港、庙桥渠、后横港等，比较知名的和睦连桥就在和睦港上，北宋还没有关于和睦连桥的记载，直到清代才有（清代张大昌《临平记补遗》里有援引《艮山杂志》上的两条内容，其一："槎溪今不著，惟官庄后河桥北有四桥相向，西曰槎渡，东曰槎溪，南曰永乐，北曰丰乐，里俗总呼之曰和睦连桥……"）。从《临平图》看，和睦连桥往西的支流连通赤岸河，该支流因建造铁路被填，变成了一条断头河，该河流的延长线指向的是现大农港。结合古时丁桥的位置，以及河流的位置和走向，连通赤岸河与和睦港的横港极大可能是现大农港。此外，根据民间采访（"皋亭山文化"微信公众号卢永高对和睦村家住茅家桥29号的83岁老人岑德兴的采访），丁桥到和睦桥的横港叫后河。后河已经消失，但其河床还在。通过实地考察，目前和睦村几条河流已经不具备通航运盐的条件，但是根据村里岑德兴老人的回忆，河流以前较宽，有船家载客去杭州和临平，敲小锣的去杭州，吹海螺的去临平，这些虽是口述记录，但也是仅存不多的支持其具有航行可能性的重要因素。笔者的观点是，大农港及其以东的连线，便是连接和睦港和赤岸河的那条横港，因造铁路而被中断。

（3）浚河，方桥。过了和睦连桥往东，有一条"z"字形弯弯曲曲向东的河流通往乔司。这与《临平图》所绘比较符合，也符合自西北往东南的工程要求，该河的标注是浚河。此浚河与周边河流的命名方法有区别，一般的取名方法是以流经或附近地名来指代河流的名称，而"浚"字有开浚、开凿的意思，周边没有带"浚"字的地名，很大的可能是此处本没有河流，是新开的一段，故以此命名。结合此河流是从汤村处往西开凿，通往赤岸河，与苏轼诗歌中描写的那一段开河工程的匹配性较高。河流东北方有方桥村与方桥工业园区，虽与《临平图》中的方桥位置略有出入，但是考虑到《临平图》中的上塘河是水平的，正北方向与实际上的正北方向略有出入，如将《临平图》按照逆时针转15度左右，对着现实中正北的角度，那么方桥就在浚河东北方向，所以两者是符合的。笔者更偏向另一种观点，《临平图》中的方桥并不是现在方桥村和方桥工业园的方桥，而是在方村的位置。

（4）汤溪，赭山港，天开河：根据上文节点考证，汤溪是汤村东北方向的一条作运输用的河流。赭山港南通往赭山，北与上塘河相连。天开河，在《临平图》中北与赭山港相连，西与汤溪相交。如今天开河航段早已残缺不全，天开河沿岸的天万村依旧存在。天万村位于杭州临平，西临乔司，其东北方向是翁家埠。笔者认为，这三者中只有赭山港是北宋时就存在的河流，没有证据证明其他两条在北宋前就已经存在。但是从汤溪的名字看，此河流是在汤村改名乔司之前，即在明永乐之前的名称。赭山港与汤溪、天开河交汇于东梅墅庙附近（现临平区南苑街道），此处分为三条水路，一条沿汤溪往乔司，一条经过翁家埠到赭山，一条经赭山港连接上塘河，此三路均为宋代盐运河的路线，理由有四。

其一，根据南宋《淳祐临安志》记载："蔡官人塘河，在艮山门外九里松塘（古走马塘）姚斗门，通何衕（háng）店、汤镇（今乔司）、赭山（属古盐官县）"，南宋孝子蔡汝揆开了蔡官人塘河，这条河现在依旧存在，位于机场路笕桥一带，通往乔司，是备塘河的一部分。根据该史料可以证明两点，一是南宋时期笕桥和乔司通过新开的蔡官人塘河才连通航运，这条河不是北宋卢秉开的盐运河。二是南宋时期汤村和赭山已经是相通的，那么北宋或更早的时候必然是开凿过河了。《临平图》中汤溪和天开河是盐运河的可能性极大。

其二，根据《浙江全省舆图并水陆道里记》中的《仁和县五里方图》，可以发现从许村到翁家埠沿线的村庄较少且历史不长，上文提到翁家埠最早是清代乾隆第六次南巡时才有记载。翁埠港，即许村到潘家坝这条河流沿岸的地名也较新。乔司与翁家埠走的汤溪转赭山港，再转天开河。

与之相反，从赭山港到翁家埠沿线的村庄更多且年代更为久远。例如前文提到，南宋的闵道心在临平镇建梅墅庙。再如仙家桥，是唐朝就有的古地名"西佳"的转音，武康有一徐姓的家谱中写到，祖上从临平西佳桥搬去武康。

其三，根据《仁和县五里方图》，可以看到仁和县境内的上塘河最东处有一座盐官第一桥，乾隆《海宁州志》记载"盐官第一桥，在许村西"。赭山港在它和施家堰中间汇入上塘河。该运河南北走向，有许多圆点标志，与《仁和县五里方图》中上塘河的标志一致，与其他支流有明显的区别，说明此河与上塘河功能一致，是有着重要交通运输功能的运河。此外，地图中赭山港在东梅墅庙和闵家桥处与天开河、汤溪交汇，翁家埠的所处位置在赭山港的延长线上。

其四，根据清代沈宗骞《浙江海塘图》所绘，翁家埠原本有较为明显的水道通往赭山，但被钱塘江所截断。虽不是直接证据，但也算能间接证明赭山与江北的上塘河水系原本是有水道往来的。

（5）备塘河，即从汤村流经的备塘河也是可以到盐官县境内的。笔者谨慎地支持这个论点，理由有二：

其一，备塘河以防灾为主要目的，虽然相对主航道，备塘河较窄，不利于承担运输，但其邻近盐场，盐运船都较小较窄，另外从清代《钦定重修两浙盐法志》的地图《许村场图》中也可看出，其与上塘河并行且多处连通。所以无论是从历史资料原因、产业客观情况，还是从现实遗存情况推断，备塘河都承担了部分的盐业运输。

其二，陈钦周《杭州河道文明探寻》[①]中有记载，备塘河开掘时间为南宋，时间晚于北宋。虽然也具有盐运的功能，但备塘河不是苏轼诗歌中卢秉开凿的那条盐运河。

（三）现存重要相关地图

（1）《仁和县五里方图》（见前文图1-3）。

这张图来自《杭州古旧地图集》，详细记载了仁和县，也就是现杭州、余杭、临平一带的地图情况，但很可惜的是画质不高。这张地图所包含的内容非常多，详细到每一条河流的支流，每一条道路，每一座桥，甚至河流也分别用了不同的符号标注，标明了哪些是运河，哪些只是普通的小河。这为盐运河研究提供了许多支撑，受限于画质不高，其中仍有许多地名笔者未能看清。

（2）沈宗骞的《浙江海塘图》（见前文图1-4）。

沈宗骞，清代乾嘉时人，字熙远，号芥舟，浙江乌程（今湖州）庠生。著《芥舟学画编》，痛斥俗学，阐扬正法，足为画道指南。该图画面中有许多盐运的细节，比如海塘的分布，盐民生产地、居住地与海塘的关系，其中盐民挑盐回仓的画面栩栩如生，又比如翁家埠在清代的地理情况等，其中翁家埠有一条流往江对岸赭山方向的河道极有可能是江道变迁之前连接赭山的赭山港。这为盐运河文化带的研究提供了一些线索。

（3）宋刊《咸淳临安志》中的《盐官县境图》（见前文图1-5）。

北宋建中靖国元年（1101），《盐官县图经》编成。这是目前所知海宁最早的修志记录，之后又相继编修多部图经，可惜如今都已失

---

① 陈钦周：《杭州河道文明探寻》，杭州出版社，2013 年。

传。在宋刊《咸淳临安志》中可以看到现存最早的海宁地图《盐官县境图》。该图提供了一些盐官段上塘河南岸的相关信息，以及盐官的沿江盐场信息。

（4）清代张尔嘉的《临平图》（见图1-6）。

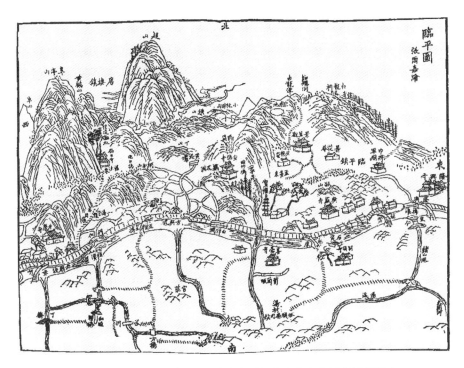

图1-6　清 张尔嘉《临平图》（中国江南水乡文化博物馆提供）

张尔嘉，字子谋，号春岫，浙江仁和人，世居"桐扣之槎溪"，今属临平区星桥街道。张尔嘉在杭州城东一带颇具文名，著有《艮山地理书》《孙花翁墓征》《耕余集》等，曾参与整理《艮山杂志》，并手绘迄今发现最早的《临平图》。张尔嘉手绘的《临平图》是一幅山水简笔画，线条优美，标注清晰，以上塘河为轴线，东起隆兴桥，西到半山、丁桥，北至超山、唐栖，南达汤村（即乔司）。《临平图》以山脉和水系为框架，对广严寺、石笕、安隐寺、景星观、藕花洲、佛日寺等处——予以标注。

（5）《安澜园至杭州府行宫道里图说》（见图1-7）。

乾隆皇帝即将展开其第六次南巡之际，地方官员为表敬意，精心制作了一幅名为《安澜园至杭州府行宫道里图说》的行程图。此图以经折装形式呈现，单色墨绘，兼具艺术性与实用性。前半部分附有详尽的图说，详细记述了沿线地点，如营汛队、寺庙、海塘、村埠等关键信息。后半部分则展示了从安澜园行宫至杭州府行宫的道路里程，并特别突出了皇帝此次南巡的核心关注点——海塘工程及其要害之处。虽然这幅图并非现代意义上的精确地图，却更像是一本集旅游与考察指南于一体的皇家专用手册，旨在为乾隆皇帝的南巡提供便捷与参考。此图为盐运河文化带提供了一些有用信息，比如沿途桥的名称、各地点之间的位置关系。

（6）《宋时钱塘江江道与盐场示意图》（见图1-8）。

此图载于《浙江水利志通讯》（总第1期），由作者根据南宋《咸淳临安志》中的《盐官县境图》，《宋史·河渠志》中所述潮灾情况，以及苏轼《乞相度开石门河状》中的描述绘制而成。

此图有几处疑问，首先赤岸的位置在半山以北许多，推断该图的

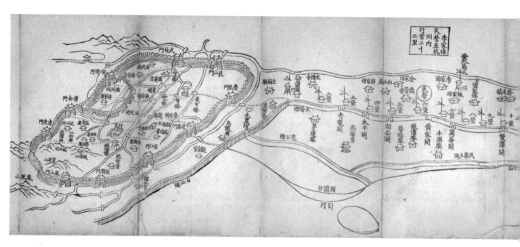

图1-7 《安澜园至杭州府行宫道里图说》（浙江海塘遗址博物馆提供）

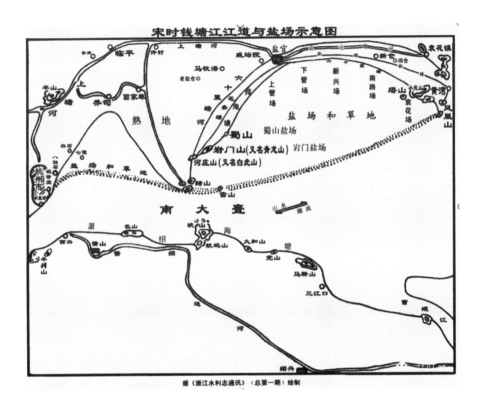

图1-8 《宋时钱塘江江道与盐场示意图》

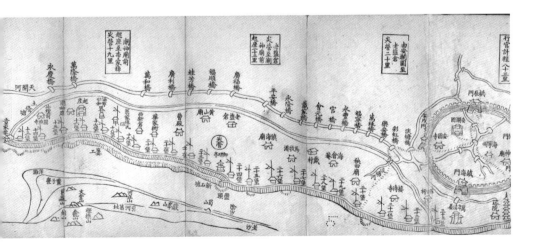

作者是引用了"班荆馆在赤岸"的典故，把赤岸的位置放到了现班荆馆附近，即星桥附近。

赤岸与赤岸港、赤岸埠、赤岸驿站，不是一个概念。先说结论，赤岸是指一个地区，范围较大，南从赤岸桥开始，北到星桥，证据有以下几点：首先，从三国至清代，上塘河沿线设了多个驿站，计有东新、皋亭坝、赤岸、桐扣、临平、许村、长安，派有兵丁值班守护。到北宋时，赤岸驿已升格为"候馆"了。其次，南宋《乾道临安志》"馆驿"条目载："都亭驿在候潮门里，国信所附之。怀远驿旧在法慧寺，今废。班荆馆，在赤岸港。"自此之后的杭州或仁和各志及笔记，除《乾隆杭州府志》《民国杭州府志》有这条信息的转载之外，其他文献中直书"班荆馆在赤岸"，没有"港"字。目前的班荆官遗址在赤岸的东北、星桥的西南，按照宋代的地名，在赤岸和桐扣之间的位置。此地在当时属于赤岸地区，才有了"班荆馆在赤岸"的说法，故从《宋时钱塘江江道与盐场示意图》看，赤岸的标注在赤岸河口之上。盐运走的路线是赤岸港，由赤岸桥处汇入上塘河。

由于钱塘江的潮水并不稳定，钱塘江沿岸的滩涂土地常被潮水冲刷，伴随而来的是陆地上盐运河的河道变迁。明末，由于钱塘江水道的迁移，汤村被淹，河流消失。到嘉庆年间，新海塘建设成功，钱塘江江道缩小，这条盐运河再次出现。

（7）清乾隆四十九年《杭州府志》中《海塘图》（见图1-9）。

从图上描绘的情况可以看出，钱塘江入海口河道已走北大亹，但中小亹尚绘有引河旧址，并注有南港名称，蜀山、河庄山等诸山已与北岸分隔，成为钱塘江入海口南岸。从此图中可以获得不少当时的海塘与河道信息，其中比较有价值的是天开河的位置，即从上塘河流向翁家埠，这点与《安澜园至杭州府行宫道里图说》中的天开河位置略有出入。

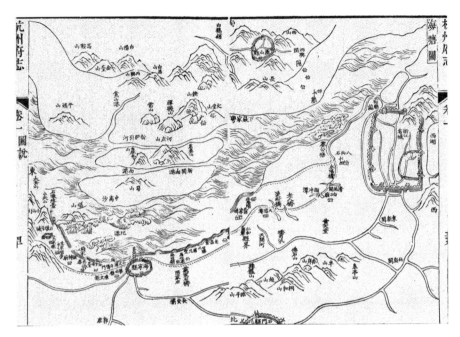

图1-9　清乾隆四十九年《杭州府志》中《海塘图》

（8）《钦定重修两浙盐法志》中的《仁和场图》（见图1-10）。

仁和场位于临平和杭州。这幅图是以上南下北的方位标示的，清代绘制。从这张图中可以清楚地看出，当时的盐运河并不在皋亭山下，且流经乔司镇，很明显不是上塘河，而是另有其他的河道。该运河西面往北汇入了皋亭山下，东面也往北汇入了皋亭山下，两头汇入的应该就是皋亭山下的上塘河。此外还有一条支流往东南方向流，流往翁埠，再流往钱塘江。这与笔者的分析十分吻合，上塘河皋亭山下的一段因淤堵不再能稳定支持盐运，宋代新开的盐运河此后发挥了巨大的作用。遗憾的是，上塘河汇入点并没有标注出来。该图清晰地描绘了盐场的分布结构、与杭州城市的方位关系，以及江对岸的盐场的大致情况。这为本书的研究提供了较多的验证。

（四）盐运河流域相关地名整理

与运河有关的地名主要带有以下关键字：塘、渡、埠、堰、埭、

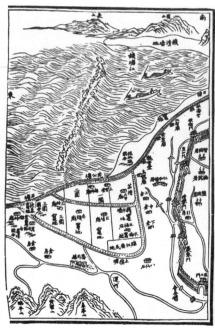

图1-10　《钦定重修两浙盐法志》中的《仁和场图》

桥、浜、湾等。此外还有一些特殊建筑也与盐运河息息相关，如西盐仓、咸水庙、岳庙渡等。通过整理钱塘江北岸的部分地理名称可以发现，尽管一些地区如今并未临近河道或者水源，却依旧还留有与运河相关的地名（见表1-1）。聚落是运河带来的直接成果，地名是运河文化的精神表达。运河由于其特殊的航运功能和集聚效应，滋养了成片的村落和集市。虽然如今盐运河不复往日，但它孵化出来的地名将代代相传，让后来者更好地了解盐运河的地理信息。

表1-1　钱塘江北岸盐运河流域相关地名

分　类	名　　称
塘	石塘头、周王塘、马家塘、横塘
渡	太平渡、方兴渡、白洋渡

（续表）

分　类	名　　　称
溪/河/港	翁埠港、和睦港、赤岸港、后河、槎溪、汤溪、赭山港、上塘河、天开河、浚河
寺/庙	水陆寺、荐福寺、圆照寺、福济寺、龙兴寺、东梅墅庙
埠	范家埠、翁家埠、丘家埠、桑埠、方塘埠、双范埠、翁埠村
村/镇	许村、星桥镇、长安镇、汤村、梅墅镇、许巷村、天万村
堰	王家堰、贺家堰、北施家堰、梅堰
埭	网埭、许家埭、蔡家埭、谈家埭、海滩埭、卖油埭、沈家埭、金港蔡家埭、贝家埭、陈家埭、徐家埭、井头埭、东陈埭、大瓦埭、朱家埭、叶家埭、邬家埭、李家埭、姚家埭、张陈吴埭、杜家埭、三村埭、庙埭廊、阮家埭、费家埭
桥	方桥、万成桥、桂芳桥、和睦连桥、丁桥、倪桥头桥、大坝桥、闵家桥、云家桥、新庙桥、杨家木桥、王安桥、长木桥、俞石桥、和睦桥、塘桥村、陈家木桥、沈家木桥、盐官第一桥、笕桥、万成桥
浜	丁家浜、鲇鱼浜、叶家浜、俞家浜、杨家浜、长浜头、钟家浜、许家浜、曹家浜
湾	湾南社区、石桥湾、郭湾村、桃树湾
坝/闸	朱家坝、南许家坝、祝尖坝、洋头坝、天明庙坝、白塔坝、獭狮坝、戴家坝、潘家坝、长安闸、幸福闸
其他	西盐仓、老盐仓、咸水庙、岳庙渡

综上所述，根据古代的文献和地图，以及现代的考古发掘和地名留存，这条盐运河的地理位置逐渐浮出水面。古代钱塘江北岸的盐运河流经路线如图1-11所示。该运河以上塘河为基础，流经现在的丁兰街道、乔司街道、南苑街道，再经许村流入海宁。其流经的重要节点为：赤岸桥、星桥、龙兴寺、丁桥、汤村、翁家埠、赭山。

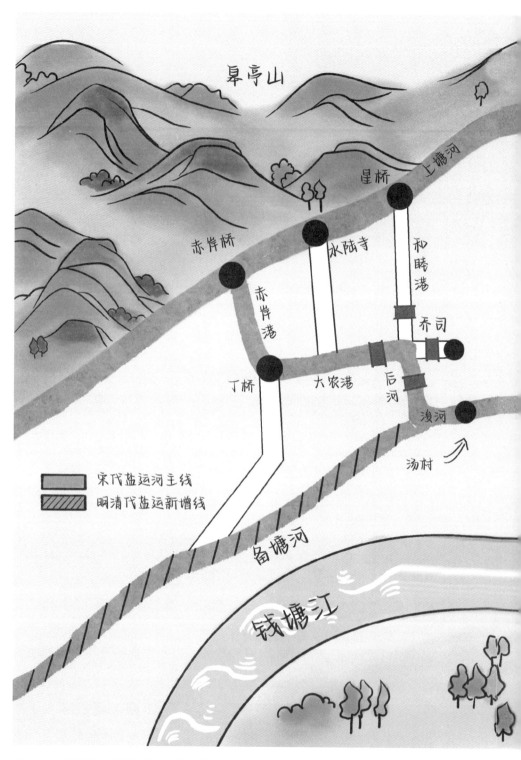

图1-11　钱塘江盐运河流经示意图（笔者自绘）

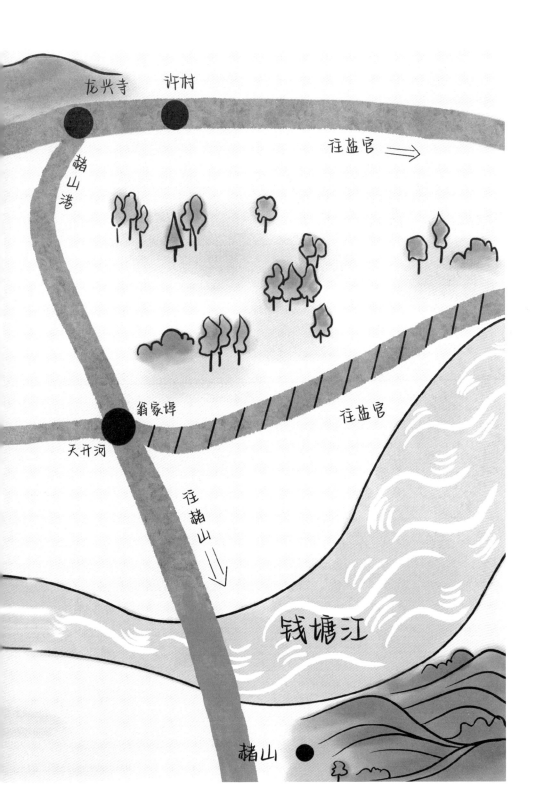

贰

第二章

海塘与盐民的共生

钱塘江海塘位于钱塘江河口两岸，两岸海塘塘线总长317千米，除去山体，海塘实长208千米，为杭嘉湖、萧绍两大平原防洪御潮的主要屏障。钱塘江海塘与沿途的历代盐民的物质生活和精神生活等各方面息息相关。海塘与盐民在同一文化语境中互为主客体，互相影响，互相建构。钱塘江海塘与历代盐民有着怎样的关系？这种关系是否随着海塘的变迁而变化？海塘与盐民的关系是如何维系的？都是值得探讨的问题。

第一节　钱塘江海塘在历史上的变迁

钱塘江自古因为修筑海塘抵御海潮侵袭而闻名于世。早在古代，先民就开始修筑起钱塘江海塘。据史书记载，在公元前4世纪春秋战国时期，楚国宰相黄歇就曾率兵修建了临安海塘，被认为是钱塘江海塘的起始。

唐宋时期是海塘修建的第一个高峰时期。唐代开元元年（713）重建盐官捍海塘堤，浙西沿线已建成较为完整的海塘系统，使得农业生产有所保障。在宋代，南宋也曾下令修筑海塘，并将江东九县的盐税收入用于海塘修筑。同时为了防止潮水侵蚀和洪水泛滥，当地政府和相关部门进行了多次海塘修复和加固工程。

北宋以后，受到钱塘江河口潮流变化的影响，浙西（钱塘江北岸）较大的海塘修筑工程达九次之多。两宋时期钱塘江海塘的基本格局就成型了。在元代，海塘的修筑工作继续进行，临安海塘和桐庐、建德、淳安等地的海塘逐渐联合成一片。在明代，随着杭州成为全国最重要的商业城市之一，钱塘江海塘的规模和重要性进一步升级，成为杭州乃至中国东南沿海地区的重要海塘之一。

明清时期是海塘修建的第二个高峰时期，尤其是在明代末年，钱塘江海塘的改建工程更为浩大，投入了大量人力、物力进行修缮和加固，同时也给当地经济和社会带来了一定的益处。这一阶段海塘建设的工程技术有了进一步的飞跃，产生了多样的石塘结构，现存的海塘遗迹也多为此时的工程实体。

钱塘江海塘在历史上经历了修筑、拓展、改建和拆除等多次变迁。这些变迁与时代的发展、技术的进步和城市的需求密切相关，既体现了人们对自然资源的开发和利用，又对当地经济、防洪和交通起到了重要的作用。

第二节　钱塘江海塘的变迁与盐民物质生活的关系

海塘作为一种物质文化，具有社会生命。盐民作为随海塘变化而变化的职业，伴随着钱塘江海塘的变迁而改变着生活方式。

一、海塘盐民的生计方式

清代以前，农业、渔业与盐业并存，盐民在生计方面各取所需，但以盐业为主要生计手段。由于土地条件恶劣，因此盐民们在盐碱地上种植盐生植物，以棉、豆、桑等耐旱耐盐碱的作物为主，并利用海水进行灌溉，从而在盐碱地上取得一定的农作物收成。远离咸潮的滩涂则逐渐被改造成适合种植的土壤，而滨海盐民在煮盐的同时则享受天然的海洋渔业资源。钱塘江流域生产海盐的海水、土地丰富，海水随着潮水倒灌，形成了海盐和独特的江盐。晒盐的大多为无地可种的农民，他们将盐制成成品盐，再出售给盐场或交给盐场去换粮食，以维持生活。

元代以前，钱塘江航道经过南大亹，钱塘江北岸滩涂遍布盐田。潮汐区的祖先，因时而变，烹制海盐。公元前222年，秦始皇因其"海滨广斥，盐田相望"之貌而设海盐县。公元前195年，西汉吴王刘濞煮海于武原乡，设盐官。宋代的钱塘江江道从龛山与赭山进出，海塘面积大、盐资源丰富。盐业是南宋朝廷的主要收入来源。元代以来，钱塘江流域盐业经济比较发达，当时就有盐场。明朝万历年间，杭州仁和、许村两场的盐产量占两浙年产量的一半。元明时期，杭州设立了江浙盐运司，作为盐业的管理机构。

清朝时期，钱塘江河道摆动，盐碱地被海潮淹没，沿岸滩涂发育不良，导致地少人多，盐业生产因卤水资源缺乏而衰退，盐民的生产生活负担增加。在清雍正以前，钱塘江主泓道以走南为常态，此时南岸萧山一带当潮之冲，北岸海宁滩涂则常有淤涨，但总体上北岸具备发展盐业的生态复原能力。但在钱塘江主泓道走北后，北岸海宁岸段成为江流及潮流冲击的要害位置，沿岸滩涂发育极为缓滞，盐业生产逐渐衰退。而到了民国时期，盐业便退出历史舞台。

所以，旧时钱塘江边的盐民，大都世代传袭，就靠着一条钱塘江，通过盐田耕种、渔捞和晒盐维系生计。随着海塘逐渐完善，海塘内的安全程度逐步提高，盐碱地逐渐变成良田，盐民的生计方式也逐渐从盐业过渡到农业。

二、海塘盐民的聚落分布

钱塘江海塘在受到江潮冲击后经常坍塌，坍而复涨，涨而复坍，同时江道多变，所以晒盐人就常常要搬家。盐民的聚落以盐田为中心，他们的家就安在离晒盐地不远的沙滩上。

当钱塘江海塘的修建和发展还处于初期阶段时，在靠近钱塘江入海口的地方，因盐业资源丰富而形成了盐民聚落，但人口数量相对较少，规模较小。随着盐田的规模扩大，钱塘江海塘的盐民聚落逐渐发展壮大。尤其是在余杭、海宁、绍兴、余姚等地，有了较为稳定和规模较大的盐民聚落。这些聚落多位于海塘沿岸，人口数量多，有较为完善的社会组织和基础设施。

成书于清雍正六年的《敕修两浙盐法志》，对制盐区的海岸线、海塘、聚落等方面做了陈述。清中期前，钱塘江海塘盐民的聚落分布以盐业聚落为主，例如早期海宁盐场的聚落发展就是依靠海岸线边的山体展开的，盐场依山而建。宋代因为杭州湾的海岸线的位置，海岸山体具有抵挡浪潮的作用，故塘外地形安全的滩涂上，盐民建造房屋，以底层架空结构的草屋为主。但塘内则是各种类型的聚落并存，农业聚落虽不明显，但也有一定数量。

清中期以后，同书绘制的川沙之下砂场及浙东之鸣鹤场等两处岸段为典型的淤涨岸，沙地持续增长，盐灶逐卤而居，纷纷迁往塘外，塘内土地则由于咸潮很少到来，逐渐脱咸而转变为适合耕植的农田，农业用地虽错杂其中，但占比并不大。

因此可说，在清中期钱塘江主泓移走北大亹之前，北岸虽时有坍进，滩涂缺乏稳定，但整体上属此坍彼涨类型，保持着盐业生产所需的滩涂总量，一些岸段甚至在较长时间内处于比较稳定的增长态势。与之相适应，海塘以外地区以盐业聚落占绝对优势，农业聚落只在塘内少数地方与盐业聚落杂处，但农业基础普遍比较薄弱。

清代后期至民国，随着海塘修建技术和工程的逐渐完善，滨海盐民的生活环境愈加安全，但塘外海水紧贴，滩涂减少，故塘外聚落大量减少。而塘内也因盐碱地占比降低，由盐业聚落逐渐转变为农业聚落。

总的来说，早期钱塘江边滩涂面积大，盐业资源丰富，盐民为了生计将聚落建于海塘外，这时以盐业聚落为主；但随着海塘建设完成，盐民选择在安全程度更高的海塘内安置家庭，盐业聚落逐渐向农业聚落过渡。

三、海塘盐民的饮食习惯

在生产力不够发达且农业储存技术有限的时代，海塘盐民的饮食习惯与钱塘江、海塘、经济条件和社会变迁息息相关。

早期钱塘江海塘盐民因靠近盐产地，故其饮食主要以盐为支撑。他们以盐蔬为主要饮食原料，例如咸菜、咸莴笋、咸菜花等。这些咸菜经过盐腌制和烹调，成为盐民们日常的口味和营养来源，既美味又易于保存。此外，由于盐田和海塘临近水源，盐民也可以享用丰富的淡水鱼类和海鲜，例如鲫鱼、草鱼、虾蟹等。

随着盐田的发展和盐业的繁荣，钱塘江海塘盐民的经济水平得到改善；海塘的建设也为农田面积的扩大打下基础，谷物的输出有了保证。盐民们开始尝试更加丰富多样的菜肴。除了盐蔬、淡水鱼类和海鲜以外，他们开始在饮食中加入更多的蔬菜、畜禽肉类和谷物等食材。此外，随着盐民聚落的壮大，他们之间的交流和交往增多，饮食习惯也受到彼此的影响，形成了一定的融合和独特之处。

随着社会和文化的变革，以及海塘的建设，盐民的饮食由简单转向复杂、由贫瘠过渡至富裕，后来的城市化建设和生活方式的变化也使得盐民的饮食趋向多样化。

第三节 钱塘江海塘与其沿途 历代盐民的共生关系

在生物学的概念中，"共生"的含义是"两种生物彼此互利地生存在一起，缺此失彼都不能生存的一类种间关系"。钱塘江的海塘和盐民之间有类似这样的关系。首先，如果没有大量的产盐，钱塘江流域的城市就不会显得如此重要，人口聚集也不会如此之多，财政拨款和民间自发的海塘修建工程就会减少。其次，如果没有海塘的保护，盐民的生产成本、盐的运输成本就会提高，这部分成本最终都会转嫁到盐民身上，使得盐民生存更加艰难，盐业生产难以发展。钱塘江流域的盐民主要分布在钱塘江入海口附近的海塘地区，这里独特的地理位置及海塘的修建使得盐民形成了独特的生活习性和文化特点。

一、与盐民劳动生产的共生关系

在海塘建设前，盐民以制盐为生的劳动方式是危险与利益并存的。盐民依靠盐生活就必须到滩涂上进行制盐工作，但江潮的不稳定性使滩涂被淹，盐业受潮水影响巨大。随着海塘的修建和完善，到清代鱼鳞大石的海塘全线筑成，其足够的安全空间使海塘以内的盐民能够安全制盐，危险程度大大降低。又随着盐碱地的改造，对海塘内旧盐田的使用方式也由制盐转向了农业，海塘盐民的生计方式也从原本的以制盐为主向农业、渔业和盐业兼顾的类型过渡。

钱塘江流域的盐民多为没有农田的穷苦人民，他们拖儿带女地来到江边刨土晒盐。钱塘江河道上下摆动，流水冲击两岸，漫过堤塘，侵入农田房舍。潮涌将农田变为沙地，道路复归滩涂。尤其是钱塘江南岸，漫漫滩涂，芦蒿遍野，地皆板结，水多咸苦，唯有喙长脚细的鹬鸟在此聚集，后来到此的盐民称之为"潮皮鸟""沙头鸟"，就是取其"逐盐水而漂泊、居无定所"之意。盐民因江潮冲击影响，有时从江南搬到江北，有时又从江北搬回江南，他们的生活也大抵如此。因此"潮皮鸟"成了此处盐民带有自嘲性质的自称。

钱塘江流域传统的制盐方式是晒盐或煎盐，如朱家园煎盐遗址发现的煎盐工具，盐民们利用其将海水或倒灌的江水进行煎或晒。后来随着技术革新，盐民们大量采用板盐制作技艺。钱塘江板盐制作技艺在全国制盐业中独具特色（见图2-1）：取盐泥，以盐泥为原料，将盐泥堆成坨头经稻草过滤产生的淋卤倒入门板大小的杉木板上晾晒，杉木板的四周有木楞。钱塘江板盐制作因其技艺独特，所产之盐较海水晒盐更干净（因淋卤时有过滤和板晒时不

图2-1 板盐制作

接触沙地），更具鲜味，有着经济实用价值和保护研究的文化价值。

历史上还留下了许多与盐业相关的遗址和博物馆，如盐业银行杭州分行、岱山的中国盐业博物馆、海宁朱家园煎盐遗址等，这些历史文化相关机构和文物对于回忆海塘盐民的人文生活有着重要作用。

盐民们世代沿袭着盐业生产的技艺，他们在生产劳动的同时也形成了独特的盐文化，并流传至今，为人们回忆和传承。

二、与盐民民俗信仰的共生关系

钱塘江海塘盐民的宗教信仰主要以道教和佛教为主。其中，道教信仰是他们传统信仰的重要组成部分，他们认为道教的神灵可以保佑他们平安、丰收。而佛教则是后来逐渐传入并受到一部分盐民信仰的宗教，他们信仰佛教以求心灵寄托。此外，盐民们产盐得益于江潮和阳光，所以他们也信仰盐神、潮神、太阳神、妈祖、陈靖姑等神祇。这些信仰在一定程度上丰富了他们的精神生活，也成为他们在艰苦生

活中寻求精神慰藉的重要依托。

在古时，盐民还有祭祀潮神的习俗。由于技术落后和认知水平受局限，深受海潮灾难侵害的人们对潮汐的形成一无所知，抵御的力量和方法十分有限，只好祈求上苍保佑百姓生活安定，各地建起了海神庙、镇海塔、海神坛等。沿江百姓每每在潮汛季节，以不同方式敬祭潮神。潮神祭祀已被列入重要的民俗活动。

旧俗中，每年农历八月十八为潮神诞辰。相传伍子胥，为国尽忠却反遭冤枉迫害，冤魂乘着素车白马，踏浪来去，成为潮神。《史记·伍子胥列传》中载，伍子胥死后，"吴人怜之，为立祠于江上"。杭州民众对伍子胥十分崇敬，除在吴氏宗祠举行祭神仪式之外，还举办祭潮、弄潮等民俗活动。清代雍正年间，浙江巡抚李卫奉旨修建了一座海神庙，用以祀运德海潮潮神，庙宇占地四十多亩，规模宏大，结构严谨，是专为供奉"浙海之神"而设的庙宇。清朝以后，镇海观潮盛行，每年农历八月十八日，当地官员都会在镇海楼旁边的大观亭中，准备三牲、香烛，祭祀潮神。有时，朝廷还会派遣官员到海神庙进行祭祀。历史上一些主持过修筑海塘的人物，在他们死后也被民众祀奉为神，如"张老相公"。唐代以来，杭州湾祭祀潮神的活动重心从浙东会稽地区向杭州地区转移。钱塘江上不但建有镇海塔、海神庙，更有众多与涌潮相关的传奇故事与人文景观。

同时，盐民们还信奉土地神、城隍神等，希望通过祭祀活动来维护地方安宁。史料记载，清代嘉庆年间，头蓬街（现萧山区河庄镇义蓬老街）因钱塘江涨淤而来的土地，已成为可垦殖的土地。绍兴等地的劳动者从四面八方赶来垦荒、定居。在建造头蓬街的同时，也建造了头蓬元帅殿这座庙宇，以祈元帅菩萨庇佑平安。1948年，头蓬遭遇大坍江，老街岌岌可危，元帅殿后大殿的东岳大帝座位也坍入江中，不久将危及正大殿。老街的老人们纷纷赶往庙里，向元帅菩萨求拜，保佑不再坍江，保住元帅殿、保住头蓬老街……神奇的是，正好坍至离元帅菩萨座位仅一步之遥，就再也没坍了。半个元帅殿保住了，老街也保住了。百姓们更加相信头蓬元帅能够保佑安全。中华人民共和国成立前后，每年的农历五月十六日，都会举行盛大庙会。这天，头蓬周边的乡镇都会有组织地选派人员参加活动，最多的时候有上千人参加。游街队伍中有敲锣打鼓的，有吹长号的，有擎高招的，有走高跷的，有跳财神的，还有燃放鞭炮的……场面十分热闹。如今，元帅殿这种游街的庙会活动虽已消失，但庙里仍然终年香客众多，香火旺盛。每逢除夕、元旦，以及农历五月十六、七月十三等日子，仍会有庙会活动。

盐民们生活中还有其他的民俗活动，如端午节赛龙舟、元宵节闹元宵等。

海塘的建设与盐民们民俗信仰的诞生和承袭有着密不可分的关系，这些活动不仅增强了盐民之间的凝聚力，也丰富了他们的精神文化生活。

三、与盐民家族血脉的共生关系

盐民们重视家庭观念，普遍吃苦耐劳，家庭成员间相互关爱、扶持。

关于钱塘江海塘盐民的家族历史记录，目前没有直接相关的详细资料。但可以了解到钱塘江海塘地区自明清以来，盐业一直是当地经济的支柱产业。盐民们世代从事盐业生产，形成了独特的盐民文化。

在清代江道走北后，北岸海宁岸段成为江流及潮流冲击的要害位置，海塘建设完善，江潮紧贴海塘，沿岸的滩涂发育极为缓慢，相反南岸的滩涂面积却是逐渐扩大，给盐业的发展带来了极大的资源储备。南岸由于政府资源匮乏，海塘建设多为百姓自发，故海塘多以土塘和土石塘为主，江潮的威胁程度相较于北岸更高。而盐民们的家庭观念使得住所离滩涂较远的盐民宁可拖家带口居住在滩涂上也不愿分开。但随着江道走向稳定，滩涂面积也逐渐稳定，距离滩涂较近的盐民夫妻们就会有明确分工，丈夫在滩涂上制盐维持生活，妻子便在家中相夫教子，这也许与现在萧山人民男主外、女主内的家庭观念的形成有一定的关联。

在明清两代，钱塘江海塘盐民家族的生活和地位相对稳定。政府对盐业生产实行专卖制度，盐民需向官府缴纳盐税。此外，盐民还需承担一定的徭役和兵役。尽管生活并不富裕，但盐民家族在当地具有一定的影响力，曾经拥有自己的武装力量，并参与过当地的军事和起义活动。到了民国时期，钱塘江海塘盐民家族的生活发生了一定的变化。由于战争和政局动荡，盐业生产受到严重影响。盐民们的生活水平逐渐下降，部分盐民开始寻求其他生计。然而，由于地理位置特殊，盐民家族依然保持着相对紧密的族群联系。

钱塘江南北岸有存在同一盐民家族的可能。从语言角度来看，钱塘江南北岸的方言有很大的不同，但也有一定的相似之处。钱塘江南岸的方言属于吴语，包括萧山话、绍兴话等，而钱塘江北岸的方言则属于杭州官话、海宁话，受到太湖片区吴语的影响，它们的语音、词汇和语法都有很大的差异。然而，由于地理位置的接近和文化的交流，钱塘江南北岸的方言也有一些相似之处，尤其是在词汇和表达方式上。例如，一些常用的词汇和短语在钱塘江南北岸的方言中可能会有相似或相同的表达方式。而钱塘江两岸的盐民因为江道改道经常需要改变住所，所以盐民家族有很大可能因为江道改道而不得不举家搬到对岸。总而言之，由于钱塘江海塘南北岸距离较近，且历史上存在一定程度的迁徙和交流，所以有存在相同家族或血脉的人的可能。

海塘是盐民家族得以延续的决定性因素，有了海塘的保护才有了盐民们的安居乐业，继而形成了固定的盐民家族血脉观念。

四、与修筑海塘的精神价值的共生关系

钱塘江古海塘的修筑史，是盐民参与的历史，是与大自然斗智斗勇并最终获得胜利，进而与大自然和谐共处的历史。钱塘江海堤的修建，需要来自各地的人民、政府和军队的共同努力。经过不断地探索与创新，各类施工工艺与器具相继问世，海塘建设的品质得到了极大的提升。

在钱塘江洪水这样的自然灾害面前，人们表现出了顽强拼搏、团结合作、自强不息、敢于创新的精神和对自然的敬畏之心，为后人留下了许多宝贵的启迪和经验；同时在面对生活困境时，他们也始终保持乐观、积极的心态，充满韧性、包容性和创造力。

第四节　钱塘江海塘的建设和管理 与盐民密切相关

钱塘江海塘是浙江省的重要文化遗产，也是中国古代水利工程的杰作之一。自南宋以来，钱塘江海塘就开始修建，经过多个朝代的不断发展和完善，形成了现今的规模。在历史上，钱塘江海塘的建设和管理与当地的盐民有着密切的共生关系。

盐民是钱塘江海塘沿岸的重要居民，他们以晒盐为生，世代相传。在海塘的修建和管理中，盐民们发挥了重要的作用。一方面，盐民们为海塘的建设提供了人力和物资支持。在海塘的修建过程中，盐民们积极参与劳动，为海塘的建设提供了大量的劳动力。同时，盐民们还为海塘的建设提供了大量的物资支持，如石材、木材等。另一方面，

盐民们还为海塘的管理和维护提供了支持和帮助。海塘建成后，盐民们负责管理和维护海塘，确保海塘的安全和稳定。

第一，钱塘江海塘的建设和管理与盐民的经济利益密切相关。盐民以晒盐为生，而海塘的建设和管理直接关系到盐民的生产和生活。在历史上，政府对盐民的生计和利益给予了充分的考虑和保障，通过管理和维护海塘，保障了盐民的生产和生活。

第二，钱塘江海塘的建设和管理与盐民的文化和社会生活密切相关。盐民们通过积极参与海塘的建设和管理，加强了彼此之间的联系和交流，形成了自己独特的精神文化和社会生活。

第三，钱塘江海塘的建设和管理与盐民的历史和文化传承密切相关。在海塘的建设和管理中，盐民们积累了丰富的历史和文化传承经验，并将这些经验传承给下一代，使得这些宝贵的文化遗产得以传承和发扬光大。

钱塘江海塘与其历代盐民的共生关系体现在多个方面，包括经济、文化和社会生活，以及历史和文化传承等方面。这种共生关系不仅体现了中国古代水利工程的智慧和创造力，也体现了人类与自然环境的和谐共生关系。海潮汹涌但生活依旧，盐民们形成的与海潮相对抗的坚定勇敢的精神，是值得传承和延续的。

叁

第三章
盐运河文化带
历史遗存

盐运河，这条历史悠久的航道，作为海宁至杭州一带的重要通道，一直以来都承载着丰富的历史与文化内涵。它既是物质交流的重要桥梁，也是文化融合与传播的重要纽带。在本章中，我们通过对盐运河沿线历史遗存的深入挖掘和整理，试图重新揭示盐运河文化带的独特地位和价值。

　　首先，通过对越语中"余"字的读音和意义进行详细的论证和解读，我们得以从一个全新的视角审视余杭这一地名的起源，进而深入理解古代盐业对杭州城市发展的重要推动作用。

　　其次，我们将目光转向盐运河沿岸的独特地貌和防御设施上。滩涂、海塘与堡等景观，不仅是盐运的生命线，更体现了古代人民在艰苦环境中展现出的智慧和勇气。盐运河途经周王庙镇、长安镇等重要城镇，这些地区拥有独特的历史文化背景和丰富的文化遗存，在盐运河的滋养下，孕育出各具特色的文化景观和人文故事。

　　此外，盐运河的文化底蕴还体现在历代诗人丰富的诗歌创作、盐贩封王的传奇故事、将军们的英勇事迹，以及潮神的神秘传说等方面。这些诗歌、故事和传说不仅丰富了盐运河的文化内涵，也为我们提供了了解古代社会风貌和人民精神世界的宝贵资料。值得一提的是，钱塘江板盐制作技艺作为浙江省非物质文化遗产，更是盐运河文化带中的一颗璀璨明珠。这项技艺的传承与发展展现了盐运河周边人民的智慧和创造力。

　　最后，通过对临平、星桥与槎溇等地区的介绍，我们可以更加深入地了解这些地区在盐运河文化带中的重要地位，以及它们所蕴含的丰富历史文化和人文内涵。

通过对盐运河文化带历史遗存的梳理和介绍，我们希望能够唤起更多人对这条古老航道的关注和兴趣，进一步推动盐运河文化的传承与发展。同时，我们也期待未来有更多的学者和研究者能够继续深入挖掘盐运河文化的内涵和价值，为这一地区的保护和开发提供视角和依据。

第一节　余杭的"余"

盐运河文化带最重要的物质遗存是杭州这座城市本身，本节提出的核心观点是，杭州因盐而生，而余杭的"余"就是盐的意思。

在浙江省内，散布着乌程、由拳、海盐、余杭、钱唐、山阴、上虞、余姚、句章、鄞、诸暨、乌伤和大末等地名。这些地名中，大部分源自古老的越地名，只有少数是在秦朝时期更改为汉语地名。

那些被更改为汉语的地名，我们可以清晰地识别出来。例如，海盐这个地名，"越人谓盐曰余"，"盐"显然是汉字，因此这是个汉语地名。又如山阴这个地名，据《谷梁传·僖公·二十八年》记载："水北为阳，山南为阳。"地名按照方位区分阴阳，这是汉人的命名原则。那么，会稽山北的山阴，自然也就是汉语地名。据《越绝书》记载："秦始皇帝，以其三十七年……更名大越曰山阴。"这说明这个地名从越语改为汉语是有据可查的。

除了海盐与山阴之外，上述其余地名大概是越语地名，也就是我们所说的方言地名。它们中有许多一直沿用至今，例如在县名中，余杭、余姚、上虞、鄞等地名均是如此。这些古老的地名承载着丰富的历史和文化信息。

综上所述，"余"字的地名不是秦始皇改的，是越语本身就存在的。因此，越地地名中的"余"不能等同于北方汉字中的"余"。

一、"余"字含义探析

"余"字如果作为盐的意思，是否为多音字？是否应该读作du或者tu？本节不涉及语言学的范畴，以构字的体系为论证逻辑，探讨"余"字到底有几种意思，每个意思有哪些衍生字，以及对应的读音。最终论证"余"字到底是不是盐的意思，应该怎么读。

杭州最早的称谓应是"余杭"，可追溯到先秦。秦统一六国后，在灵隐山麓设县治，称钱唐，属会稽郡。"钱唐"最早被记载于《史记·秦始皇本纪》："三十七年十月癸丑，始皇出游……过丹阳，至钱唐，临浙江，水波恶……"后来便分成了钱塘县和余杭县。杭，原意指的是较大的独木舟或长方形竹木舟，如《说文》中有"杭，方舟也。"杭，也有航行的意思，如明代何景明《进舟赋》中"惩往途而省究兮，吾庶以慎吾杭"。而余的意思也有两种，一说与夏禹治水有关。清嘉庆《余杭县志》载："禹航者，夏禹东去舍舟航登陆，因以为名。"后转讹为余杭。至于"禹航"何时并如何转讹为"余杭"，无考。二说系越语地名。《越绝书》云："朱余者，越盐官也，越人谓盐曰余。"余杭古时濒海，自古产盐，故地名与盐有关。以上两种说法都是偏向于传说，虽然合乎情理，但理论支撑并不充分，来源相对孤立。

经典释义中，余的读音yú，第一种意思是指代我，余是予的通假字，其通予、吾，通指第一人称。以上是约定俗成的观点，字典中便是如此。那为什么余会作为予的通假字？本文的观点如下：甲骨文中的"余"，其形状被认为像一间树屋、房子，至于为什么房子要建在树上或者说高处，也许和当时的生存环境有关系。房子在过去表达个体对家庭、家族关系的看法和态度，通"舍"（和"余"很像的"余"

便是和"舍"同音）。早期的生产生活中，以家庭为单位，强调家庭配合，家庭成员之间紧紧捆绑，户的概念要大于个体的概念，家庭作为一个整体来代表第一人称的场合会比较常见。此时第一人称用的就是房子形状的甲骨文中的"余"。而个体的我更多的是作为第一人称出现，是随着生产生活方式的变化而逐渐衍生出来的。

"余"字作为第一人称指代，并没有衍生字，说明这个字义的体系是比较孤立的，仅仅作为其他字的通假字，并没形成自己的字义体系和衍生字。《越绝书》中指出"余"字单独出现是表示盐的意思，但来龙去脉并没有说清楚。

当"余"不是单独出现，而是作为字的一部分出现时，比如"涂""途""荼"，则与第一人称指代体系是完全没有关系的，是另一套体系。

"涂"字，最早出现在甲骨文中，时间并不比"余"字晚，如图3-1所示，意思是水或者道路，也经常指水边的泥地，同"塗"，即滩涂。左边是水，右边的部分"余"，笔者认为是指白色或者白色的东西，这个白色的东西是什么，此处先搁置，后文再讲。白色或白色的东西就是"余"的第二种意思，即第二套体系，理由有六：

第一，荼花是一种白色的花，"荼"是"余"的衍生字，是建立在"余"字的第二套体系下，发音同"涂"（tú）。如火如荼中的"荼"也是白色的意思。出自春秋左丘明《国语·吴语》："万人以为方阵，皆白裳、白旗、素甲、白羽之矰，望之如荼……左军亦如之，皆赤裳、赤旆、丹甲、朱羽之矰，望之如火。"草字头代表了物种，那么草字头下面的"余"和植物特征必然是有联系的。而《新华字典》《康熙字典》《辞海》中都没有相关的表述。

第二，从涂作为滩涂的意思来讲，其是指河流或海流夹杂的泥沙在地势较平的河流入海处或海岸附近沉积而成的浅海滩，主要指浅海滩。海滩有很多种，有岩石型、泥沙型。其中浅海滩主要指的是水位较浅的泥沙型海滩，潮水过后，往往有大面积盐水留在海滩上，太阳晒干后留下大片白色的盐。从甲骨文象形文字的构造特征来讲，"涂"字是非常形象的，水边有"余"的地方。水边泛着白色点点的地方，即白色的盐。此处的"余"的发音应该是tú或者dú。故"涂"也属于"余"字的第二套体系。

第三，虽然可能性不高，但涂字右边的部分也有另一种可能性，即读作yú。甲骨文中鱼的写法如图3-2所示，可以发现"余"的甲骨文（见图3-3）和鱼骨的形态也是有相像之处的。也有可能滩涂上白色的部分指的是大量堆积的鱼骨。那么"余"读作"鱼"（yú），而加了三点水的"涂"依然读作tú，两者是不矛盾的。此外，有个十分有趣的题外话，金庸先生《书剑恩仇录》中有位重要角色，名为余鱼同，金庸先生出生在产盐之地海宁，当地有着大量的滩涂，金庸先生熟知江浙方言。此处的人物名字设计有可能在暗示，在吴越之地，余和鱼是一样的发音，也是同一个意思，活着叫鱼，死了叫余，即鱼骨。从人名设定来看，余鱼同有着生死相同的寓意，是看淡生死的潇洒之人，以此烘托书中余鱼同对骆冰的痴情。因为金庸先生已经不在了，这也很遗憾地变成了笔者无从考证的猜测。

图3-1 "涂"字

图3-2 "鱼"字

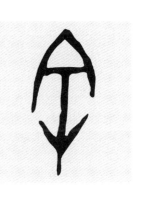

图3-3 "余"字

第四，在越南语中，"余"读作du，听起来接近英语音标的"zu"。越南语受古越语影响较大。从读音看是继承了"涂"这个系统。因此，有足够的理由相信"余"字在古越语中有较大可能是读作du或者tu。因为yu和tu两套体系各自的发音和意思是对应的，且有较大的区别，所以古越语中"余"的意思属于"涂"和"荼"这套体系，即白色的意思，或者直接指代盐。

第五，余的衍生字中，还有第三种读音shē，比如"賒"字，同赊。又比如"畬"字，同畲，其实也属于第一个体系的衍生，来源于"舍"字，即树上木屋。此外，"余"字还有余下、剩下的意思，同餘。这属于第三套体系，与前面两种意思是不同的。其读音和第一种"余"一致，但意思完全不同。笔者认为，"剩余"是来源于第二套"涂"的体系，即去水剩盐，滩涂上去掉水，余下的便是盐或白色的东西，其字义由此衍生。

第六，在马来语中，盐翻译为Garam，马来西亚、印尼等地常见的地名前缀kuala和garam是同义词，比如吉隆坡kuala lumpur，以及其附近的沿海地区kuala selangor、kuala Kurau等，地名的来源和晒盐之地有关。因为在物资相对匮乏的年代，盐是重要资源，以盐来命名是非常符合情理的，同样的情况也出现在纺织业，古代蚕桑也是一项重要资源，经济地位非常高，故有许多以桑命名的地区，比如柴桑、桑村、桑丘、曲桑等。余杭、余姚、余暨也是如此，与前面的马来地名是相同的取名方式。这也从另一个角度证明余杭、余姚中的余是盐的意思，这种可能性极大。网络上有位语言学学者，署名杜子子非吾，发布于吴语公众号的一篇研究性的文章《余杭、余姚、余干的"余"，跟吉隆坡有关？》引起了笔者的关注和赞同。其观点认为kuala具有盐的意思，此外还有河口的意思，主要原因是其认为上饶的余干这个地名和晒盐没有关系，故引申到了河口的意思。但笔者认为余干的"余"和余杭、余姚、余暨的"余"是两个不同的来源,浙江的余杭、余姚、余暨位于钱塘江沿线,而余干位于鄱阳湖地区,相距甚远,其命名不能归为一谈。而马来地区以kuala为首来命名的地区,其共性是都在海岸线附近,有一些刚好在河口,也有一些和河口没有联系,因此不能下定义认为kuala和garam既是盐又是河口的意思。再结合众多"白色"字义的衍生字。"余"是盐的意思更加具有说服力。而其对"杭"的解释——容易搁浅的地方,笔者是非常赞同的,笔者认为"杭"是指浅滩或者滩涂较多的地区。吉隆坡名字中的lumpur,指的就是泥泞的地方,和杭几乎是一个意思。所以吉隆坡和余杭语义上是同名的。

综上所述,"余"这个字作为第一人称"我",是相对孤立的,并没有其他的衍生词,其意思来源于"舍"字,发音来源于"予"字,是"予"的通假字,这样就比较清晰了。当"余"字作为白色和盐的意思时,其意思和读音都相对确定,有一些衍生方式,比如"涂""荼",以及后面发展出来的塗、途、捈、梌、酴、瑹、悇、唋、稌。其中梌树大多开满白色的花,稌指白米,酴指米酒,都含有白色的意思。此处还有一个有趣的补充,瑹指的是美玉,但所有字典里都没有具体描述,到底是翠玉还是白玉?根据前面所分析,应先是指白玉,往后也有可能演化成通指的玉。"余"作为"剩下"的意思是较为常见的,这个字义出现得较晚,同"馀",该字义下没有其他衍生字。鲼、硢、艅等字发音是yú,但意思和余下、剩下没有联系,和第一人称的我也没有联系,在笔者看来,它们和白色的意思具有关联性的可能较大,奇怪的地方是它们发音是随yú,而不是tú,当前在所有字典里只能找到这三者分别代表鱼、石头、船的意思,而并没有细说是什么鱼、什么石头、什么船。笔者提出的"余"的读音是tú,字意是白色或盐,根据这套体系便可以假设鲼和硢较为确定的字义,鲼是指白色的鱼，硙是指白色的石头，艅是指带白帆的船。类似于草字头的"荼"，那么这几个字的读音也需要重新推断和论证一下了。

二、浙江"三余"

余暨、余姚、余杭三县，古人习称"三余"。《水经·浙江水注》："汉末童谣云：'天子当兴东南三余之间。'"通过对余姚、余暨、余杭三县的地名研究，我们可以发现它们都与"余"这个字有关。

首先，在古代，盐是一种非常重要的资源，也是人们生活中不可或缺的物品，地名往往蕴含着丰富的历史文化信息和最具代表性的产业信息，因此，地名中出现"余"字，往往与产盐之地有关，这三个地名也不例外。根据三地均是产盐之地的共性，以及结合东南亚产盐之地和中国其他重要资源产地的普遍命名方法，浙江三余的"余"，从字义上来看，就是指白色或盐。这里的"余"原本应该读 tú，三个地名分别读作余杭（tú háng）、余姚（tú yáo）、余暨（tú jì）。后来可能是受北方文化南下的影响，发音演变成了 yú。

其次，从地理位置上看，这三个地名都位于钱塘江沿岸，余杭是地势平坦、泥滩较多的产盐之地，余姚是靠近姚江的产盐之地，余暨是靠近暨浦（浦阳江）的产盐之地。三者地名的构成不难理解。

最后，从读音上看，"余"字的读法与当地的历史文化和语音传承有关，经历过几次北方文化南下的影响，发音从原本的 tú 或者 du，演变成了 yú。发音的变化很有可能是现代当地人淡忘了其地名出处的原因。

综上所述，这些地名历史悠久，反映了当时人们对于产盐之地的认识和记忆。从地名命名的角度看，杭州和钱塘江地区最早的、最主要的行业就是产盐，其地理位置优越，有大量盐滩，两岸又有大量的柴薪，还有多条水路可供运输，是产盐的极佳位置。盐也是早期杭州和钱塘江地区聚集人口的重要因素。钱塘江流域的聚落因盐而生，对盐文化的深入挖掘与研究，必将为钱塘江文化的研究提供重要依据。

第二节　滩涂、海塘与堡

钱塘江的滩涂，现在以"潮汐树"的壮丽景观而闻名于世，但在以前，这里滩涂遍布，盐业生产发达，最宽的滩涂离岸有几公里。根据上文中对余杭地名的分析，余杭的本义就是晒盐的滩涂，余杭因滩涂的地理特征而得名，那么这个滩涂在最早的时候，极有可能遍布整个余杭地区。后因地质变化，逐渐南移，离岸较近的滩涂如果长期没有被潮水冲刷就变成了草场，草场经过一定时间的生态循环变成了适合人类生活的地区。离江较近的区域长期被冲刷，依然是滩涂。后来建起来的海塘巩固了人们的栖居地，使得盐生产区和人们的居住区有了明确的划分。

钱塘江修建海塘具有很长的历史，早在五代十国时期，吴越国王钱镠便发动百姓，建造了当时最为先进的水利工程——"钱氏捍海塘"，这一伟大的工程为当地百姓带来了福祉，也为后世的治理江潮提供了宝贵的经验，但也时有抵挡不住潮水的时候。

到了明代，据明天启《海盐县图经》记载，浙江按察司水利佥事黄光升，创造了五纵五横的鱼鳞式大石塘，并首先在海盐县筑成鱼鳞大石塘九十余丈，使钱塘江海塘更加稳固，为当地百姓筑起了一道坚实的屏障。自明代嘉靖至清乾隆末年的两个半世纪里，历届官府均高度重视钱塘江的海塘建设。他们先后在此区域兴建了鱼鳞大塘或石塘共计250余千米，耗银3 000多万两，这一浩大的工程为钱塘江周边城市立足和发展提供了安全的保障。

海塘设有堡，清代《杭州府志》中的《海塘图》详细记载了从杭州乌龙庙的头堡至海宁西尖山镇海庙的三十三堡的具体位置。这些堡房与钱塘江海塘紧密相连，共同构成了钱塘江河口区域的重要防御体系。其中，头堡至九堡位于江干区钱塘江海塘范围内，而其余二十四堡则分布于余杭区、海宁市境内。这些堡房的存在，不仅为观测潮汐、防洪御潮提供了便利，更为当地百姓的生活带来了安宁与保障。

清雍正八年（1730）起，为了全面加强对海塘的管理，防御江潮侵袭，兴利除弊，清政府决定，先在仁和、海宁段采用分防分汛的分级专人管理办法，建立起按部队编制的营汛组织；后逐渐形成制度，又扩展到海盐、平湖段。

为了加强这种营汛组织的护塘御潮力量，各营汛队由当地驻军管辖，属浙江巡抚总管。营汛队成员也以军人为主，在沿海的附近村落设防。同时就在营汛队驻地建堡造房。起于何处，止于何处，依次编号。这种堡既是一种御潮工事，又是营汛队的驻地，所以称为堡房。初时，堡房的构筑比较简陋，有的如同当地农户居住的茅草房。有的堡房所在地原为村落，有的是在堡房建成后逐渐形成村落，于是就出现了一堡村、二堡村等地名。营汛队所在处，当时也叫汛。如《安澜园至杭州府行宫道里图说》中提到，翁家埠有翁家埠汛，七堡附近有黄天荡汛。

至清乾隆二年（1737），治河官员嵇曾筠再次对钱塘江石塘进行了统一测编与编号。他以20营造丈为一号的标准，对仁和（杭州）乌龙庙以东至海宁、海盐、平湖四县境内的钱塘江石塘进行了重新编号。这一次的编号与此前形成的堡房定位与序号基本吻合，使得诸堡地名得以沿用至今。在《杭州市地名志》中，我们依然可以见到这些地名。

具体坐落情况如下：头堡，亦称一堡，坐落于钱塘江畔的乌龙庙，地势险要；二、三、四堡则坐落于彭家埠；五堡与六堡则位于柴家埠；七堡则坐落于李家埠；而八堡与九堡则位于宣家埠。此外，从三堡至八堡之间，还依次建有青龙闸、太平闸、潮安闸、黄家闸和万善闸，这些闸门方便了水利调控，也留下了历史传说，比如乾隆每次来行杭州都要避开青龙闸。因为谐音青龙铡，不利于皇帝，于是另开了御道。现在杭州的御道路和御道社区的地名就是由此而来的，虽无法考证，但也成为当地的重要历史文脉。

第三节　盐运河流经的重要地区

一、周王庙镇

周王庙镇南邻钱塘江，正好处于盐官和老盐仓这两个著名的观潮地之间，是如今荆山村朱家园煎盐遗址所在处。

周王庙，也叫周灵古社，浙江地区有两个周王，一个是周雄，另一个是周凯。海宁的周王更大的可能是指周雄。《海宁州志稿》记载："宣灵王周雄事见周王庙下"，又"周宣灵王庙在硖石沈山，祀宋广灵侯周雄，向立庙横山，明嘉靖十一年（1532）显神于此，建庙以特祀焉，横山之血食始衰"。

古时这里沿江都是盐场，如大荆场、小荆场、马牧港，都比较有名。

二、长安镇

长安镇坐落在海宁西部，与杭州的临平区相连，关于"长安镇"这个名字，早在唐朝时期便有，一说当自长河衍化而来，一说寓祈求长治久安之意，无独有偶的是与首都长安同名，而那个时候的长安镇也十分繁华，为南来北往的水陆要冲。

长安镇是上塘河的重要节点，最著名的莫过于长安闸，是中国古代著名的水利工程，为盐运和漕运服务。元代以前，大运河流经长安、上塘河，由于长安镇以西地形较高，与下游形成较大落差，为保存上游水流，控制水量，在长安镇建了堰坝，由闸门控制。运河的主要功能是漕运，因为船身庞大，所以长安闸采用三门两级船闸调节水位高低，使船能稳稳通过。南宋诗人范成大创作过一首五言诗《长安闸》：

> 斗门贮净练，悬板淙惊雷。
>
> 黄沙古岸转，白屋飞檐开。
>
> 是间袤丈许，舳舻蔽川来。
>
> 千车拥孤隧，万马盘一坯。
>
> 篙尾乱若雨，樯竿束如堆。
>
> 摧摧势排轧，汹汹声喧豗。
>
> 逼仄复逼仄，谁肯少徘徊！
>
> 传呼津吏至，弊盖凌高埃。
>
> 啜嚅议讥征，叫怒不可裁。
>
> 吾观舟中子，一一皆可哀：
>
> 大为声利驱，小者饥寒催。
>
> 古今共来往，所得随飞灰。
>
> 我乃畸于人，胡为乎来哉？

这首诗详细生动地描绘了当时船只经过长安闸的繁忙情景。这首诗的第一至六句介绍长安闸，写过闸船只的繁忙；第七至十四句具体描写船只过闸；第十五至十八句描写过闸收费的情景；第十九至二十六句抒写诗人心中的感慨。与一般写长安镇堰坝的诗歌不同，此诗以现实主义写法描写当时闸坝及过闸的繁闹情景，反映了当时钱塘江盐业的发达，以当时的盐产量和长安闸所在地来看，通过长安闸往北方的货船中，运盐的船占了很大的比重。

三、南北咸水庙

杭州潮音禅院原名下沙咸水庙，与余杭区圆照禅寺并称"南北咸水庙"，1952年因钱塘江决堤而老庙被毁。1980年当地佛教信众自发捐款在七号围垦毛竹桥重建咸水庙。2001年因开发区建设需要迁至智格社区。该地规划为城市道路，咸水庙面临再次搬迁。2010年开发区管委会向市民宗局提交了《关于辖区群众要求修建咸水庙的函》。咸水庙的名字与盐有着关联。当地的村民大多为南岸萧山、绍兴沿江居民北迁而来，围垦后定居于此，而南岸以前都是盐场，比如红山、蜀山，所以这些人大多为盐民的后代。

圆照禅寺则是在翁家埠以西，在盐运河流经的文化带上。

四、皋亭山

位于上塘河北部的皋亭山，是盐运河沿线唯二的山脉，另一山脉为临平山，因皋亭山靠近杭州，其战略位置的重要性不言而喻。它不仅是一道天然的屏障，为过往的船只提供了庇护，而且其地形险要，进可攻，退可守，历来是兵家必争之地。

皋亭山和上塘河这条盐运河的关系并非那么融洽。据史书记载，北宋时期，皋亭山的泥沙经常冲击上塘河，导致河床淤堵。为了解决这一问题，北宋政府决定新开一条运河，卢秉任总指挥，苏轼监工。皋亭山不仅在地理上很重要，也促使了一些重要历史事件的发生。

皋亭山的历史悠久，当杭州城区还是一片汪洋之时，皋亭山已兀立海上。绵延起伏的山脉，是人类停留下来繁衍生息的一块高地。东西长9千米，南北长2.5千米，最高峰海拔361.1米，以坐北朝南的巍峨之势，堪称杭州城的"靠山"。

吴越王钱镠在担任杭州刺史期间，曾在皋亭山设立城堡，作为防御外敌的据点。到了宋高宗时期，这座山更是成了皇帝避难的胜地。在历史长河中，这座山见证了一个又一个王朝的兴衰更迭，也留下了许多脍炙人口的民间传说。

李清照与皋亭山也有着不解之缘。这位宋代女词人曾在逃难时寄住在皋亭山南朝阳坡的一处庵院。在这里，她目睹了金兵入侵后的惨状，听到了许多关于康王南逃的传说，不由得抒发出了"寻寻觅觅、冷冷清清"的哀思。

辛弃疾曾谓："决西湖之水，满城皆鱼鳖；断皋亭之山，天下无援兵。"皋亭山以其独特的地理优势和丰富的历史文化内涵，成为历史长河中不可或缺的一部分。对于那些在乱世中寻求庇护的人们来说，这座山无疑是一个心灵的港湾。

五、潮王庙

杭州市下城区，有一条路名为"潮王路"，有一座桥名为"潮王桥"。这两处命名都源于唐朝杭州的乡贤石瑰。石瑰因修海塘而死于潮水，杭州百姓感念他的功绩，为他建立了"潮王庙"。

石瑰，生于唐朝长庆三年（823），他深知百姓受潮害之苦，毅然决定出资筑堤，守护家园。他带领工匠们日夜劳作，不畏寒暑，然而，大堤尚未完成，石瑰便因潮水而离世。他的壮志未酬，留下了无尽的遗憾。

潮王庙的建立，是人们对石瑰的怀念与敬仰的体现。最初，这座庙被称为"石姥庙"，后因百姓感其功绩，改名为"潮王庙"。潮王庙并未建在离钱塘江更近的地方，而是选择在潮王路附近，这背后有两种可能。一是为了靠近石瑰当时的居住地，就地建庙，以此表达对他的纪念。二是考虑到盐运河（上塘河）是连接钱塘江与杭城的通道，承载着经济物产的交流，是钱塘江的延伸，具有象征意义，故将潮王庙建在此处。这符合建庙的群众需求，百姓们常来此祈求平安与丰收，希望能够借助潮王的精神，抵御潮水的侵害，保护家园的安宁。潮王庙建到了杭城家门口，可见盐运河与钱塘江的关系密切。

六、翁家埠

翁家埠盐区是临平地区最后的盐场，矗立于临平区、钱塘区与海宁市三地的交界地带。这片历史悠久的盐场，自乾隆帝第六次南巡后，逐渐发展成为一处商贸繁盛的集镇，承载着时代的演进与历史的积淀。今日，行至翁家埠集镇中心，仍可目睹一块巍峨的御碑屹立其中，默默诉说着乾隆四十九年修筑海塘的辉煌历程。翁家埠正是位于海塘北侧。

民国三十六年（1947），绍兴钱清盐场遭遇坍江之灾，众多盐户纷纷迁移至翁家埠这片仁和已废的场区，继续他们的盐业生涯。翁家埠，这一曾经的跨界市镇，以老街中心为界，长期以来由仁和（民国时期为杭县）与海宁两县共同管辖，共同守护着这片土地的安宁与繁荣。

中华人民共和国成立后，行政区划的调整赋予这片土地新的活力。原属海宁的翁家埠东半部分划归杭县管辖，自此终结了长期的分治状态，翁家埠迎来了统一管理的崭新时代。1951年6月，杭县对行政区划进行调整，翁家埠盐区被细化为翁埠、翁中、翁东、翁西四乡。这一变革使得翁家埠盐区成为一个独特的双重管理单位，既在行政上隶属于杭县，又在业务上隶属于省盐务局，凸显了其在盐业发展中的重要地位。

随着时代的变迁，滩涂围垦与"盐转农"的政策变革逐渐塑造了翁家埠的新面貌。这片曾经紧邻钱塘江畔的盐区，逐渐蜕变为一座宁静的内陆小镇，远离了波涛汹涌的江景。

翁家埠盐区的历史演变，无疑是临平地区乃至整个浙江省盐业发展历程的生动缩影。从滩涂围垦的艰辛初创，到盐场兴建的繁盛景象，再到集镇形成的文化积淀，直至转型发展的崭新篇章，翁家埠盐区见证了盐业发展的每一个重要节点。通过研究这一地区的发展轨迹，我们可以更加深刻地理解钱塘江地区盐业历史与经济文化的紧密联系，并为未来的发展与规划提供宝贵的借鉴与启示。

七、临平三绝

临平旧时有著名的"临平三绝"，分别为"桥墩复桥"、"寺里藏寺"和"河里通河"。临平地域广阔，但"临平三绝"都是在盐运河上，说明这条河对于临平的特殊意义。

"桥墩复桥"，也被民间称作"桥上桥"，是一个极其特殊的景观，指的是上塘河上的桂芳桥（见图3-4），又名为东茆桥，横跨于临平上塘河南北之上。这是一座单孔石桥，历史悠久，始建于元大德九年（1305）。此桥最为引人注目的是其特殊的结构：在桥之北，原就有一座东西向的小桥与之相依相伴。更令人惊叹的是，这两座桥之间还设有闸，用于分泄上塘河的河水。

随着时间的流逝，原先的水闸因淤塞而无法使用。为了解决这一问题，智慧的人们在南北方向上又建造了一座桥，而且更进一步地将桥墩筑于原先的东西向桥之上。正是这种巧妙的设计，最终形成了我们所见的"桥墩复桥"这一独特景观。

在设计学上，这种结构在当时无疑是创新且复杂的。它不仅展现

图3-4　桂芳桥

了古人高超的建筑技艺，也因地制宜地体现了人类在与自然环境互动中的智慧与适应能力。此外，桂芳桥还承载着深厚的历史文化意义。它见证了上塘河两岸的变迁，也见证了人类与自然和谐共生的历史。如今，这座古老的桥梁已经成了一个地标性的景点。

"寺里藏寺"，又称"寺里寺"，即指龙兴寺。始建于宋宣和七年（1125），乃人们为镇压东湖波涛汹涌之水而建。龙兴寺整体布局独特，由两殿构成，四周环绕高耸之墙垣。前殿为关帝殿，其后横亘高墙，形成一道屏障。然而，一旦绕过关帝殿，便可豁然开朗，见得释迦牟尼大雄宝殿巍然屹立，内部静谧，外部宏伟，呈现出内庵外寺的独特格局。

"河底通河"，亦名"河里河"，实为古代水利设施之一，乃在上塘河河床之下铺设石笕而成。该设施南接曹家渠，北达龙山塘，旨在引导曹家渠之水顺畅流入下河，避免与上塘河之水相互干扰。此设施始建于宋代，具体年份已无从考证，但历朝历代均有修缮，至今仍旧保留在上塘河底。其对于农业灌溉、防洪排涝，以及与钱塘江水系之间的联络，均显示出卓越的水利工程技术及科学价值。

临平地处西北，背靠临平山，东南毗邻临平湖（见图3-5），亦称东湖。昔日，东湖曾以十景闻名遐迩，包括萧桥望月、苏村桃李、断山残雪、宝幢叠华、安平晚钟、白洋渔唱、段浜观梅、许庄红叶、枫林夕照、鼎湖玩月等。众多文人墨客曾流连于此，吟咏湖光山色之美。尽管如今临平湖已难觅其迹，但在其鼎盛时期，湖水靠近临平山麓，风景如画，令人陶醉。诸多历史名人如宋代的苏东坡、陆游，明代的史鉴、王守仁，以及近代的康有为、郁达夫等，均曾游览临平，并留下珍贵的题咏。宋代诗僧道潜的诗句"五月临平山下路，藕花无数满汀洲"更是成为临平的象征，因此，后人便以"藕花洲"之名来

图3-5　清《浙江全图》（局部）中的临平湖（藏于法国国家图书馆）

赞誉临平。

八、南沙与头蓬

南沙地区一度繁荣于盐业，头蓬盐场、蜀山等地遍布大大小小的盐田。南沙与北沙共同勾勒出钱塘江南北两岸的风貌，南沙特指南沙大堤周边区域。百年前，这里还是钱塘江两岸的滩涂，江岸因潮汐而变迁，江流随风波而摇曳。历经千年，钱塘江主流在南北摆动中寻觅着属于自己的路径。

随着时光的流转，海陆之间的界限也在悄然发生着变化。乾隆二十四年（1759），位于钱塘江畔的河庄山以北地区，一条全新的河道——北大亹，正式形成。在此之前，由于南岸泥沙的不断淤积，赭山与龛山之间的"南大亹"逐渐由水域转化为陆地。与此同时，江水在狮子山与河庄山之间，经过不断地冲刷与塑造，最终开辟出一条新的水道，命名为"中小亹"。

中小亹也经历过一时的淤塞，但乾隆年间的人工疏通使它焕发新生。然而，北岸陆地的持续坍塌使得钱塘江主流北移成为不可逆转的趋势。随后的十几年间，北大亹与中小亹并存，直至乾隆四十年（1775）后，中小亹逐渐淤塞，北大亹最终成为钱塘江的主流。

嘉庆十八年（1813），河庄正式归属南岸的萧山县，这一带的地域界线也随之清晰。赭山、河庄山、青龙山、蜀山这一串小山包，在清代至1949年前的百余年间，成为钱塘江南岸的北部边界。河庄镇、头蓬镇、新湾底等地名逐渐在江东版图中崭露头角。

那时的"大江东"，统称为"南沙"，它像是一个巨大的半岛，自南向北朝钱塘江凸起。左翼是河庄，右翼是新湾，而中间则是头蓬。与此同时，下沙（北沙）尚未形成稳定的陆地，钱塘江北岸的边界仍在以乔司镇为中心的一堡到海宁一线徘徊。

河庄、头蓬、新湾，作为钱塘区中较早形成稳定陆地的地域，自清代以来便承载着厚重的历史与文化底蕴。这片土地，以其独特的沙地地貌，孕育出了一群独特的沙地人，他们自萧山、绍兴、海宁等地纷至沓来，在大江之滨聚居成庄，逐渐发展成为集镇，构筑起独具特色的沙地文化。

在清代时期，尽管钱塘江主流北移，但南岸依旧面临着汹涌潮水的威胁。一年之中，潮水多次坍江，致使景象苍茫无际，百姓生活如沙头鸟般漂泊不定，随潮水起伏而波折不断。为应对这一自然灾害，清光绪二十七年（1901），南沙一带遭受连日暴雨侵袭，泽国泛滥成灾。在地方绅士的筹措下，社会各界捐资筑堤，次年新堤顺利竣工，这便是南沙大堤的前身，为当地百姓筑起了一道坚实的防线。

南沙平原，原为钱塘江的故道，历经近百年淤积与涨潮，逐渐转化为滩涂之地。随着钱塘江主流的北迁，江涂不断向外延伸，人们陆续围堤垦殖，南沙大堤的雏形逐渐显现。头蓬镇位于钱塘江南岸，地理位置优越，西接萧山、南连绍兴、东衔上虞、北望海宁，隔江相望。在百年前交通尚不发达的时代背景下，头蓬凭借其水陆交通便利之优势，成为沪、杭、宁、绍一带物资交流的重要口岸枢纽，迅速崛起为繁荣的商业中心。

关于"头蓬"之名的由来，据传在南沙大堤修筑之时，此地搭建起了第一个草棚，故得名"头蓬"。这一名称不仅承载了地名的历史渊源，更寓意着一种开拓进取、勇争先锋的精神，与杭州的头堡相呼应，彰显出当地人民的坚韧与毅力。

河庄、头蓬、新湾三镇共同构成了南沙大堤的中央核心段。头蓬镇位于江东半岛的最北端，犹如南沙大堤的顶梁柱，正面抵挡着江潮的侵袭，堪称江东之"首"。这种不畏艰险、勇立潮头的精神已深深地烙印在当地人的基因之中，成为他们世代相传的宝贵品质。

自清朝中期至民国年间，头蓬一直是沙地的璀璨明珠，其繁荣程度堪称首屈一指。这里不仅是南沙棉花和蚕茧的集散中心，还是钱塘江板盐的重要生产基地。流传至今的农谚"外白地头晒盐板，里花园地棉麻豆，家家桑园养蚕茧，户户门前晒卜干"，生动描绘出头蓬丰富的特产和繁荣景象。食盐、棉花、蚕茧、毛豆、萝卜干及络麻等特产共同构筑了头蓬"三白、二黄、一麻"的美誉，为当地经济发展注入了源源不断的活力。

头蓬的繁荣得益于地理的变迁，乾隆四十二年（1777），随着钱塘江中小亹的淤塞和水流改道北大亹，潮患减弱，南沙大堤内侧的头蓬老街开始了长达百年的繁华历程。由于其便捷的交通和丰富的物产资源，吸引了众多商贾纷至沓来，其中不乏万通典当、浙东盐行等规模宏大的商家。这些商家不仅提供了农产品的收购、手工业品的制作及转运外销等服务，还促进了当地经济的多元化发展。通久桥作为横跨头蓬中街河道的重要桥梁，不仅连接了东西两市，更成为物资往来的重要集散地。每天，埠船在三岔埭和小泗埠江口码头往返穿梭，将各类商品运进头蓬，同时也将头蓬的特产运往四面八方。

市场的繁荣也带动了服务业的发展。头蓬医馆众多，为当地居民和往来客商提供了便捷的医疗服务。同时，头蓬的文化也呈现出多元融合的特点，以元帅庙为代表的民俗庙社活动丰富多彩、香火鼎盛，使得头蓬被誉为"小上海"。头蓬老街（见图3-6）更是沙地历史最为悠久的商业街区之一，见证了头蓬镇的辉煌与繁荣。

头蓬盐场，则拥有悠久的产盐历史，可追溯至清代。该盐场是萧山盐场的重要部分，乃至浙江省的盐业支柱。在古老的盐场中，流传着"打铁、晒盐、磨豆腐"的俗语，其中板盐的晒制技术尤为突出。晒盐过程需经过多重步骤，包括刮沙、堆叠、甄漏、沥卤、暴晒等，整个过程需耗时5—7天。尽管如此，盐场工人们仍秉持着吃苦耐劳的

图3-6 头蓬老街（笔者自摄）

精神，克服恶劣的自然环境，确保盐的高产。

在20世纪50年代，该盐场达到了年产盐30 620担的纪录，创造了高达9.54万元的价值。然而，历史的车轮滚滚向前，1969年，盐场进行了转制，开始由盐业转向农业。历经多次改革后，该地于2010年10月正式成立了江盛社区。这一转变使得江盛社区成为杭州大江东区域发展以来第一个转制社区。

虽然百年的历史繁华无比，却依然难以抵挡天灾人祸的侵袭。在抗日战争的硝烟中，头蓬屡次遭受日军飞机的轰炸，造成了大量的人员伤亡。而在1946年的春天，南沙更是遭遇了一场史无前例的坍江灾害。"当坍江席卷而来时，百姓们搀扶着老幼，惊慌失措地逃离，昼夜不停。有的居民来不及收拾房屋，只能绝望地将其付之一炬，以此来宣泄心中的悲愤。"据目击者描述，一块长20米、宽2米的裂缝仅在3分钟内便塌陷进了江中。头蓬以北的大片土地、房屋和商店纷纷坠入江中，坍江一直延伸到头蓬镇外侧的南沙大堤脚下，才被雄伟的元帅殿所阻挡，但元帅殿也因此损毁了一半。南沙大堤，成了头蓬人最后的庇护所。

然而，鲜为人知的是，与钱塘江北岸由官府组织修筑的坚固海塘不同，蜿蜒的南沙大堤最初是沙地百姓为了保卫家园，自发地用最原始的方式，顺应河道走势，随湾而建，一点点用土堆筑而成的。头蓬至新湾段的南沙大堤，也弯弯曲曲地留下了大约18个弯道，见证了沙地人民的智慧和坚韧。

坍江之后，三岔埭（新街）、小泗埠、曹案埠集镇等村落均陆沉江底。当时的浙江省政府主席沈鸿烈到头蓬勘察灾情后，迅速组织力量，以排放木笼的方式来治理江患。

经过这次灾难，头蓬镇遭受了巨大的损失，元气大伤。然而，沙地人民并未屈服。中华人民共和国成立后，他们在原有的南沙大堤（见图3-7）基础上，继续向东西两侧扩展修筑江堤。最终，一条西起

图3-7　南沙大堤（笔者自摄）

萧山浦沿半爿山、东至童家塔，与北海塘相连的南沙大堤拔地而起，全长达85千米。这条由河庄、头蓬、新湾三个镇共同支撑起的南沙大堤江东段，不仅成了抵御风潮侵蚀的坚强屏障，也成了沙地老区与围垦区的分界线。

1956年夏天的12号台风，横扫萧山，再次给沙地带来了巨大的破坏。台风过后，南沙大堤那坚实的堤面荡然无存，仅剩下单薄的内侧坡面，大堤遭受了严重的损毁。若非天文小潮汛年，或是台风再持续1小时，后果将不堪设想。然而，在这千钧一发之际，南沙大堤再一次守护了沙地，让万千居民幸免于难。

而在堤外，从1966年开始，轰轰烈烈的大围垦时代，已然在钱塘江两岸拉开帷幕。在南沙大堤之外，大江东围垦出来了新的土地。

如今，南沙路，这条高于两侧地面的道路，宛如一条历史的纽带，连接着南沙大堤的遗址。一侧是碧波荡漾的东沙湖，另一侧则是散落小区外的点点碎田。岁月如梭，南沙路在树荫的掩映下，静默地承载着厚重的历史记忆，引人遐想。

九、海宁盐官

海宁盐业的崛起与钱塘江紧密相连。在宋朝中期以前，钱塘江流经黾山与赭山，盐官外则延伸至三四十里的海滩。大潮汇聚成江流，小潮则塑造出广袤的海滩。盐官人独具慧眼，利用这一得天独厚的地理条件，通过煮海的方式就地取材制盐。随着技术的演进，他们开始运用盐板进行晒盐，这一创新使得盐业更上一层楼。

随着盐业的日渐繁盛，盐官不仅设立了官署征收盐税，更因此得名。在盐税印鉴上，"官盐"二字成了身份的象征，而未经官方认可的盐则被称为私盐，一经发现即被没收充公。为了保障盐业生产的顺利进行，盐官们还建立了"盐署"进行严格的管理。

在海宁，丰富的盐业遗迹俯拾皆是。老杭海公路南侧有一条绵延百里的运盐河，它从黄湾延伸到翁家埠。沿岸分布着72个盐所，既是管理机构，也是生产单位。每个盐所下辖数个盐场和盐仓，负责将生产出的盐通过运盐河运往指定仓储地点或直接运至盐官集散地。

在北寺巷底，一个名为两浙盐运署的盐衙门静静地诉说着过往。这里曾驻扎着盐警队和缉私队，如今仅存的照墙成了历史的见证。

盐场、盐所、盐仓、运盐河、出盐港口、运盐站、私营盐行及盐运署等设施，共同构建了一个集生产、管理、储运和销售于一体的完整网络体系。它们之间的协同合作，为海宁盐业的蓬勃发展提供了坚实的支撑。

然而，明末清初，钱塘江江道北移，海宁的盐卤滩涂遭受冲刷，盐产量逐渐下滑。尽管如此，海宁盐业仍顽强地维持了一段时间。直到20世纪60年代，新技术的涌现和时代的变迁使得海宁盐业告别了历史舞台。

最初的海宁制盐采用烧盐法，耗费大量木材且盐质欠佳，色泽发黄。随着盐板晒盐技术的传入，海宁盐业迎来了新的春天。1935年，海宁盐务署下令"改煎为晒"，标志着晒盐技术的广泛应用。尽管20世纪60年代后期，仍有个别老盐仓的盐民坚守着盐板晒盐的传统，但最终这一方式被现代化的制盐技术所取代。海宁盐业的历史是一部波澜壮阔的史诗。从最初的自然煮海制盐到晒盐技术的普及，再到现代化的转型，这一过程彰显了人类对自然资源的不断探索与利用。海宁盐业的兴衰也见证了海宁城市的成长与变迁，成为历史长河中一段弥足珍贵的记忆。

十、海宁朱家园遗址

2020年，在海宁周王庙镇荆山村朱家园发现了一处重要的煎盐遗址。这个遗址被命名为朱家园煎盐遗址，其揭露面积达到了50多平方米。在这个遗址中，考古人员发现了一座煎盐灶坑（见图3-8）和两个盐卤井，这进一步证实了这里曾经是一个用于煎盐的场所。这个发现在一定程度上与《海宁州志稿》中的记载相吻合，其中提到每灶铁盘1面，锅1口，温卤锅3口。

图3-8 朱家园煎盐遗址中的煎盐灶坑

朱家园煎盐遗址被证实是一处清代的煎盐遗址，这是目前海宁地区唯一一处钱塘江煎盐遗址。据史料记载，海宁的食盐生产历史可以追溯到西汉时期。在公元前195年，海宁设立了盐业官员（盐官），标志着海宁食盐生产的正式开始。自此以后，海宁的盐业生产不断发展壮大，成为南宋政府的主要税收来源之一。在宋代，海宁8个盐场的总年产盐量达到了13.39万石。

朱家园煎盐遗址的发现为我们提供了关于海宁地区盐业生产方式的重要信息。这处遗址属于柴薪煎盐遗址，这种生产方式后来逐渐没落。其中的一个重要原因是当时遭遇了"能源危机"，煮盐卤所需的柴价日昂。煎盐10万担需要烧掉柴薪10万担，基本上是一比一的比例。这不仅是一个惊人的消耗，而且很难获取这么多柴薪。但从另一个角度看，高耗能也是钱塘江产盐区有别于其他海盐产盐区的特色。滩涂周边有大量的植被，产盐区与柴薪区离得较近，才能支撑起如此大的能源消耗。

通过朱家园煎盐遗址的发现和研究，我们可以更好地了解海宁地区盐业的历史和文化，以及钱塘江产盐区的特色和优势。

十一、钱塘江板盐制作技艺

据曾仰丰所著《中国盐政史》中记载：清乾隆年间岱山乡民王金邦首创盐板晒盐，后来逐渐推广到余姚、舟山等地。18世纪60年代后传到盐官，打破了煮盐的方法。海宁等地的柴薪煎盐逐渐被盐板晒盐取代。

钱塘江板盐制作技艺，作为浙江省杭州市萧山区的传统手工技艺，不仅是一项重要的非物质文化遗产，更是中国盐业文化的重要组成部分。在漫长的历史长河中，钱塘江畔的先民们利用钱塘江下游的沙滩白地，巧妙地利用涨潮时的自然力量，吸储含盐分的江水，再经过独特的晒制工艺，制作出了独具特色的钱塘江板盐。

钱塘江板盐制作技艺的独特之处在于其取材和制作过程。不同于其他地区的制盐业，钱塘江盐业以盐泥为原料，而不是直接取用海水。在咸泥堆成坨头后，利用稻草进行过滤，得到的淋卤就是制盐的主要原料。此外，钱塘江板盐的晒制方式也别具一格。不同于在沙地上直接晒制盐水的方法，钱塘江板盐是在门板大小的杉木板上进行晒制。这种独特的晒制方式不仅提高了盐的品质和口感，还使得盐的外观更加整洁、干净。

钱塘江板盐制作技艺作为一项珍贵的非物质文化遗产，承载着丰富的历史和文化内涵，是钱塘江流域盐文化的重要组成与经典符号。

十二、星桥与槎渎

星桥与盐运河有着千丝万缕的关系，它拥有悠久的历史，是盐运河途经的重要关口，留下了诸多历史的印记，见证着盐运河的变迁。临平湖位于星桥东面，从星桥地区往西出发，每过十余里就有一湖，分别是槎渎、诏息湖、泛洋湖、西湖。据清代《艮山杂志》记载，星桥东西向这五处湖泊在清代是大泽，但在古代是连贯一体的。其中，槎渎就在星桥附近，后来由于水面的变化，它逐渐变窄并最终形成了槎溪。明代《成化杭州府志》解释了槎渎演化为槎溪的过程。从明代的文献中我们可以推断出，当时的槎渎是可以通航的大河，而现在的槎溪可能已经难以支撑运输了。

地名是历史的镜子，它们反映了时代的变迁和文化的积淀。星桥这个地名的由来就颇具传奇色彩。星桥的名称来源于300多年前架在上塘河上的单孔石拱桥——五云星桥（见图3-9）。据民国《杭县志稿》记载："五云星桥在临平安隐寺西五里。或云康熙年间建。桥刻五云星桥。"这座古桥横跨在上塘河上，不仅是沟通两岸的重要通道，桥下槎渎在明代前极有可能是代替上塘河的支流。

除了古桥之外，星桥地区还有许多其他的历史遗迹。其中最值得一提的是黄鹤山和白龙潭。黄鹤山是传说中的仙人王子安乘鹤而过的地方，山上曾有黄鹤楼和黄鹤仙洞。白龙潭则是古临平湖的象征，传说水中有龙出没，常有"云出必雨"之说。这些遗迹都与上塘河的历史紧密相关。

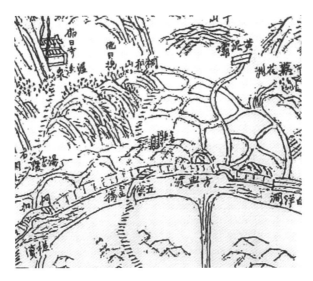

图3-9　清代张尔嘉《临平图》中的五云星桥与佛日寺

　　此外，星桥地区还有许多风景秀丽的山水景观。其中最具代表性的是桐扣山和佛日寺。桐扣山林木葱茏、石径曲折，是一座玲珑剔透的小山。相传在晋武帝司马炎（236—290）时，这里还是一大湖，西岸石崖突然崩裂出一个大石鼓，因此得名"桐扣山"。佛日寺则是星桥地区的佛教圣地，建于后晋天福七年（942），初名为"佛日院"，宋大中祥符元年（1008）改名为"净慧寺"。据传当年的佛日寺规模可与"西天竺"灵隐寺相媲美，故又有"东天竺"之称。这些山水景观不仅为星桥地区增添了自然之美，同时也寄托了人们对美好生活的向往和追求。苏轼、陆游、秦观、黄庭坚等均曾来此游过。

　　在历史上，星桥地区还曾是文人墨客的胜地。元末明初著名画家王蒙曾在这里隐居三十余年，创作了许多山水画巨作。北宋熙宁四年（1071）至熙宁七年（1074），著名文学家、诗人苏轼在杭州任通判时也曾多次到访佛日寺，并写下一首赞美佛日寺的诗篇："佛日知何处？皋亭有路通。钟闻四十里，门对两三峰。"这些文人墨客的足迹和作品为星桥地区增添了浓厚的文化氛围，使之成为一个集自然美景与文化底蕴于一体的地方。

班荆馆作为朝廷官驿，也曾是星桥地区的一个重要历史遗迹，其在南宋高宗建炎年间（1127—1130）建于赤岸。这里的赤岸指的是一个比较大的区域，不是现在的赤岸桥、赤岸港，而是包含了赤岸桥东北方向的星桥地区。这个古老的官驿见证了历史的变迁和文化的交流，也是研究南宋时期交通和驿传制度的重要遗迹。金国使者来往南宋京师，先在班荆馆暂息听诏，由朝廷特派的大臣在此迎接、赐宴、送礼，然后全程陪同进出临安城。宋恭宗德祐二年（1276），元军攻入临安，班荆馆从此销声匿迹。班荆馆的名字取自《左传》的一个典故："班荆道古"，意思是说朋友途中相遇，铺五色布于荆棘上，坐地共话旧情。因此这班荆馆是会友之地。当时，南宋大臣离京北去或从北方归来，也常宿班荆馆中。有无数文人墨客在此留下了诗篇名句，"绿杨分映人长堤""水塍新筑稻秧畦"，这是唐代诗人张祜笔下上塘河的田野风景。还有："烟雨桃花夹岸栽，低低浑欲傍船来"（宋范成大《临平道中》）；"记取五更霜显白，桂芳桥买小鱼鲜"（元方回《过临平》）；"三月临平山下宿，沙棠一舟帆数幅"（明释戒襄《长安坝河道中》）……乾道六年（1170），大诗人陆游离京后也曾住上塘河边，"六月二日，过赤岸班荆馆小休亭。班荆者，北使宿顿及赐燕之地，距临安三十六里。晚急雨，颇凉，宿临平"（《入蜀记》）。

庆庄桥作为晋时的重要古桥，也是星桥地区不可忽视的历史遗迹。在当时，星桥一带为临平湖，与杭州西湖同为海迹湖，星桥的桐扣山为临平湖的湖岸，庆庄桥为星桥境内的一座古老石拱桥。这座古桥见证了星桥地区的变迁和发展，现陈列于庆庄桥遗址公园内，供人们瞻仰和回忆。

第四节　盐运河上的诗歌

　　除了前文中关于苏轼开凿盐运河的诗词作品之外，还有许多与盐运河相关的诗词。以下略举十余首，用诗句来展示盐运河昔日的风光。

　　1. 元代陈椿　《题熬波图》

　　　　钱塘江水限吴越，三十四场分两浙。

　　　　五十万引课重难，九千六百户优劣。

　　　　火伏上中下三则，煎连春夏秋九月。

　　　　程严赋足在恤民，盐是土人口下血。

　　这是元代两浙下砂盐场司令陈椿写的《题熬波图》一诗，综合反映了元代时期两浙海盐生产总况及其运作过程。

　　2. 元代尹廷高　《北关买舟》

　　　　北关门外柳青青，闲寄江南第一程。

　　　　别酒未阑山鸟唱，短篷撑梦过临平。

　　北关门就是武林门，北关门外往东就是上塘河了。这首诗描绘了作者从北关门出发，顺上塘河往东走，走前还喝了小酒，天色已晚在睡梦中经过临平。从这首诗歌中可以看出一个历史事实，武林门附近有码头，可以买船票顺上塘河经临平北上。

　　3. 明代王洪　《卜算子·皋亭积雪》

　　　　积玉映空青，蓬岛人间近，珠树瑶花满眼开，缥缈仙台影。

便欲跨青鸾，直上三山顶，鹤氅披云看下方，月白银河冷。

4. 明代聂大年 《临江仙·皋亭积雪》

昨夜孤峰如泼翠，今朝玉立巉岏，琼林琪树间琅玕。
蓬莱尘世隔，弱水竟漫漫。
玉宇琼台千仞表，群仙飞佩骖鸾，不知何处倚栏杆。
洞箫吹一曲，鹤氅不胜寒。

以上两首诗歌都是描写皋亭山冬日积雪的美妙景象，诗中不约而同地将皋亭山比作蓬莱仙岛，也体现了当时皋亭山的地势特征，河流环绕，其中最主要的当属上塘河。

5. 郁达夫 《万安桥头闲步忆旧游》

半堤桃柳半堤烟，急景清明谷雨前。
相约皋亭山下去，沿河好看进香船。

这首诗写的是春天，上塘河上有大批从外地过来的进香船，这反映了皋亭山上寺庙的地位比较高，上香的人很多，与现在的灵隐寺不遑多让。

6. 宋代苏轼 《游佛日寺》

佛日知何处，皋亭有路通。
钟闻四十里，门对两三峰。

诗中不仅描写了佛日寺的地理位置，还描绘了佛日寺的特征，既写景又绘声，令人宛若身临其境。苏东坡的这首诗成为描写佛日寺的代表作，流传广远，经久不衰。

7. 清代张炎　《和陈谁园晚泊半山桥元韵》

系缆皋亭下，长桥碧涧东。

飞霜秋树净，落日晚山红。

笛咽幽村里，钟鸣远树中。

最堪心赏处，黄叶战西风。

半山桥，就在半山脚下，横跨上塘河。上塘河由南北向变为东西向，即在此桥处转向。半山桥，也是循上塘河登半山的主要入口。因而，"舟泊半山桥"成为游半山诗词中的常见意象。

8. 秦鸿　《忆余杭》

长忆临平，乱楼影里共君话，上塘河水自东流。

一别忽经秋。

超山窥户无新样。

绿渐深时起蝉唱。

何当击缶和乌乌。

空际美飞凫。

这首诗歌是作者对临平超山、上塘河等地的追思，诗歌中的"乱楼影里"和"超山窥户"侧面反映出此地区居民聚集，楼宇众多。"蝉唱"和"飞凫"则反映了当地的自然生态环境好。

9. 宋代范成大　《暮春上塘道中》

店舍无烟野水寒，竞船人醉鼓阑珊。

> 石门柳绿清明市，洞口桃红上巳山。
>
> 飞絮著人春共老，片云将梦晚俱还。
>
> 明朝遮日长安道，惭愧江湖钓手闲。

这首诗借景抒情，首联描写作者沿途所见，颔联写现实的意境和对桃源的向往，颈联描写了人的情怀，其中石门镇和长安道，清楚地表明了作者当时的旅行路线，是自北向南沿京杭运河进入上塘河。

10. 宋代苏轼 《是日宿水陆寺寄北山清顺僧二首》

> 草没河堤雨暗村，寺藏修竹不知门。
>
> 拾薪煮药怜僧病，扫地焚香净客魂。
>
> 农事未休侵小雪，佛灯初上报黄昏。
>
> 年来渐识幽居味，思与高人对榻论。

> 长嫌钟鼓聒湖山，此境萧条却自然。
>
> 乞食绕村真为饱，无言对客本非禅。
>
> 披榛觅路冲泥入，洗足关门听雨眠。
>
> 遥想后身穷贾岛，夜寒应耸作诗肩。

这首诗歌描写的是苏轼住在水陆寺，看见上塘河周边一副萧条的景象而发出的感慨，是讲给一个僧人朋友听的。这首诗歌是苏轼赴汤村镇督开运河时，夜宿水陆寺所写，侧面反映出上塘河原本十分繁华，当时却因一些原因而变得萧条。作者结合历史文献，推测原因是上塘河道淤堵，无法进行航运，这也是当时朝廷要挖汤村盐运河的直接诱因。该诗中的"草没河堤""乞食绕村""冲泥入"等要素也是一些间接证据。

11. 宋代杨万里 《过临平二首其一》

临平放目渺无涯，莲荡苇汀不钉牌。

雪后轻船四捞漉，断芦残获总成柴。

这首诗中诗人走的是水路，虽没有明说，但必然走的是上塘河或新开的盐运河，上塘河以北有山，只有往南望去才是渺无涯的，指滩涂和钱塘江无边无涯，断掉的芦苇和残破的获（禾本植物，有点类似芦苇）总能成为柴火。盐运河边的植物除了百姓日用之外，也有许多被拿去当作生产盐的柴薪。

第五节　盐贩封王

一、钱镠

钱塘江边最有名的盐贩子，当属吴越国王钱镠，史书说他以贩盐为盗（《新五代史·卷六十七·吴越世家第七》）。866年，钱镠15岁，家境贫困，于是废学，次年开始了贩卖私盐谋生养家的危险生涯，按照大唐的法律，走私盐1石，就是死罪当诛。法虽如此，但并没有严厉打击。可见当时的杭州，山高皇帝远，贩卖私盐也算是穷人家没有出路的一条出路。钱镠从小习武，爱读兵法，这也为他后来的从军生涯打下了坚实的基础。到了872年，钱镠21岁时，已是多事之秋，江南亦不可免，山中盗贼猖獗，州县政府有讨贼需求，钱镠便不再以盐为生，而是从军讨贼，开始其传奇的人生。钱镠的人生经历从盐开始，贩盐的经历影响其一生，早期的他吃苦耐劳，不拘一格，忍辱负重,从对董昌的态度转变,也可以看出其维护正统,对李唐王朝的死忠。到兴土木建杭城,理水治水,可以看出钱镠对百姓的同理心。钱镠是亲历过盐民之苦的人,是亲历过战争之苦的人,是从基层走出来的人,这有助于他更具有同理心,更好地走到群众中去。

苏轼任杭州通判时,对钱镠敬佩有加,曾书《表忠观记》碑文,高度评价钱镠之功绩,碑文中还提到杭州铸山煮海的盐产业。此外,苏轼还写下三首《陌上花》诗。后人将"钱王射潮"和"陌上花开"放在一起表述。前者讲的是武功,后者是讲文治。

二、张士诚

杭州史上另一名知名盐贩便是元末张士诚,为了养家糊口,张士诚从10岁开始就跟乡亲们一起,在白驹场的官盐船上"操舟运盐",依靠卖苦力赚取微薄收入。少年时的张士诚"少有膂力,负气任侠",不仅身体健壮,而且为人仗义疏财,在当地盐民中树立起很高的威信。张士诚和杭州有着密切的关系,元至正十九年(1359)春,为了加强防卫,张士诚征发浙西之民大规模修筑杭城,由郡守谢节和守将潘元明组织和指挥,出粟20万石。所有土石砖甓灰铁木等物材,"累巨万亿而不可胜纪",历时3月完成。经张士诚修筑的杭州城垣,周围6400丈、高3丈、厚加1丈。有候潮门、新门、崇新门、东青门、艮山门、钱湖门、清波门、丰豫门、钱塘门、和宁门、余杭门、天宗门、北新门,共计13座城门,另设水门6座。钱镠所建的杭州城门在元代被拆,张士诚再建,两个盐贩进行了历史的交接,也是颇具宿命感。同年,鉴于军船往来杭州、苏州之间,经长安、临平至杭州的上塘河及周边水道变窄,有碍航行,张士诚遂发动军民20万人,新开浚了经塘栖、武林港(今武林头)至江涨桥段的河道,长45里,宽20丈,称新运河或北关河。新运河成江南运河之南段,为京杭大运河入杭州的主航道。张士诚开的新运河取代了上塘河及周边盐运河的部分作用，并且增加了杭州的运力，同时也为明代及以后的杭州盐业发展奠定了较好的基础。

钱镠被封吴越国王，张士诚建立了大周政权，这两位"王"对杭州城市发展和盐业发展有着积极的作用。

第六节　盐运河上的将军

盐和战争的关系非常密切，它是古代重要的经济和战略资源，也是许多冲突和战争的起因之一，更是军队维持性经费、中央财政收入的重要来源。运河是兵家必争的战略要地，掌控运河沿线，便是占据了很大的战略主动。

据史料记载，宋代上塘河沿线有将军屯兵防守，也有练兵场、武器锻造厂等。

其原因在于，运河具有重要的战略价值，可用于军事运输，快速部署大量军队。在战争中，控制运河可以切断敌人的物资供应线，取得战略优势。因此，为了让粮食、食盐等战略物资快速运送，其囤积和保管的仓库往往也是建在上塘河边。比如著名的富义仓（见图3-10）就建在上塘河与新运河的交汇处。

一、岳飞

在上塘河畔，有个著名的地方叫打铁关（见图3-11）。这里曾是南宋时期的太平乡白井街，历史悠久，人文荟萃。据说，抗金英雄岳飞的兵营驻地就在此，铁匠铺也在此地应运而生，为岳家军打造精良兵器。如今，兵营弄、白兔墩等地依然保留着岳家军的遗迹，见证了那段金戈铁马的历史。

图3-10 富义仓

图3-11 打铁关碑亭

明清时期，打铁关成为杭城东北部水陆交通要道，商贾云集，繁华非凡。这里的店铺鳞次栉比，琳琅满目的商品吸引了四面八方的顾客。为传承历史文化，纪念南宋抗金英雄岳飞，2005年在打铁关路的北段，一座庄严肃穆的"打铁关路历史文化陈列馆"拔地而起。馆内陈列着岳飞的雕像，栩栩如生，英气逼人。同时，新建的打铁关牌楼也成了这里的文化地标，诉说着千年的辉煌历史。

2018年《钱江晚报》曾发文以证明打铁关是明代建造，和岳飞并没有关系，只是一个美丽的误会，据《艮山杂志》记载，打铁关是收税的关卡，关卡设在打铁桥，管水陆两路——"打铁关在太平乡，西接东新关，置立木栅，看守盘验。早晚启闭，以便农船"。《北新关志》卷七中也描写到打铁关："打铁关在大关之东南……有夜航船往来此处。原系上河（上塘河）小径，因去东新关路遥，不能稽察，故另设此关。"

根据《宋史·岳飞传》来看，岳飞大部分时间在外征战驻军，在当时的京城停留时间不多，岳飞也没有担任过京城守军将领，更别说在此处练兵了。但打铁关因打铁桥而命名，明代在此处有铁匠，故而得名。

这两种观点无论哪种是正确的，都说明盐运河具有一定的军事作用，尤其在后勤补给、运送兵器方面。

二、辛弃疾

在历史的长河中，上塘北岸的皋亭山，无疑是南宋临安京城东北面的坚固堡垒和关键防线。皋亭山的战略位置极其重要，在战争频繁的年代，守护这一地带的重要性显而易见。辛弃疾作为南宋时期的杰出军事家和文学家，对皋亭山的价值有着深刻的认识。辛弃疾与陈亮饮酒畅谈之际，曾提及："钱塘非帝王居，决西湖之水，满城皆鱼鳖；断牛头之山，天下无援兵。"虽然杭州周边并无牛头山之名，但考虑到皋亭山在战略上的显赫地位，加之辛弃疾酒后言论可能透露出军机，因此笔者推测，此处所提及的牛头山，实则指的是皋亭山，或许正是辛弃疾为了不泄露军机而赋予的别称，此外，皋亭山的位置是杭州城背面的一处高地，战略上具有牵制作用，用牛头之山来形容也有合理之处。

此外，辛弃疾在表述中运用了对仗手法。他将牛头之山与西湖之水作对比，但此处的山暗含了皋亭山下的盐运河及沿河的大量物资仓库。这些战略物资对于南宋朝廷来说至关重要，是打赢战争的重要基础。因此，保护好这些物资仓库成了战争中关键的一环。而一旦失去了对皋亭山的控制，那么这些仓库就会直接暴露在敌人的攻击之下，对于南宋来说将是沉重的打击。

辛弃疾的话表达了对皋亭山在军事防御中的重要性的深刻认识。从地理环境、战略位置及物资储备等多个角度分析，我们可以清晰地看到皋亭山在南宋时期的重要地位。辛弃疾以诗意的方式揭示了皋亭山的战略价值，也让我们对南宋时期的历史及盐运河在当时的重要性有了更深入的了解。

三、文天祥

在南宋德祐二年（1276）的正月十八日，元军队成功渡过长江，迅速逼近南宋的都城临安（今杭州）。元军在临安东北的皋亭山处驻扎，局势极为严峻。当时，南宋皇宫内的官员数量稀少，气氛异常凝重，众人均保持沉默。面对此情此景，太皇太后谢道清惊慌失措，不禁泪流满面。然而，在混乱之中，文天祥与张世杰两位重臣挺身而出，积极处理事务。

张世杰在六和塔下部署了大量兵力，而文天祥的勤王军则在富阳驻扎，加上其他各路军队，城内外总共有兵力二十多万。文天祥审时度势，提议让皇帝、皇后、太子等三宫人员暂时避难海上，由他和张世杰率领军队进行背水一战。然而，谢道清太后并未采纳文天祥的意见，反而决定派人携带传国玉玺和降表向元营投降。

在元军的营帐中，文天祥慷慨激昂地发表言论，指责元朝失信，应退兵平江或嘉兴。他坚决地表示："吾南朝状元宰相，但欠一死报国。刀锯鼎镬，非所惧也。"元相伯颜被他说得理屈词穷，其他酋长们面面相觑，大为震撼。

然而，当天夜晚，元相伯颜恼羞成怒，竟将文天祥囚禁。在杭州发生的"皋亭抗论"事件，不仅是南宋末年的重大历史事件，更是中华民族精神在南宋灭亡之际的璀璨体现。

第七节　潮神传说

盐民们信仰的是潮神，因为潮水能带来赖以生存的资源——盐，潮水小了，盐就不多，下雨多了，就没法晒盐。因此，对大自然心存敬畏，是靠天吃饭的沙地盐民们的精神特性。张夏，人称张老相公，北宋时期浙江萧山长山人。宋景祐年间，张夏为海塘的修筑维护和抗灾保境，不避艰辛、躬身实践，最终以身殉职。宋仁宗嘉其功绩，敕封他为宁江侯，庆历中又敕封英济王，准许"立庙堤上"。其后历代朝廷不断加封，上至诸暨、下至绍兴，遍立神庙，萧山"沿江十八庙，庙庙供张公"。各地祠庙叫法各不相同，有张神殿、相公殿、靖江殿、靖海殿、定海殿、镇龙殿等，皆是表达对潮神的纪念和崇敬，也希望潮神庇佑一方安宁。今萧山沙地及沿江一带保存下来的张夏行宫还有多处，如南沙镇海殿、坎山镇张神殿村张神殿、所前镇山联村赵坞庙、新塘街道联华新村江桥庙、衙前镇新林周村三神庙、南阳镇红山村镇海殿等。

除张夏外，吴山伍公庙潮神殿记录了十八路潮神（见图3-12）和他们的故事。十八路潮神分别是文种、霍光、曹娥、周凯、石槐、胡暹、朱彝、张夏、陆圭、天妃、周雄、黄恕、曹春、乌守忠、彭文骥、晏戌仔、陈旭、汤绍恩。其中有的是历史上的大人物，百姓因其

图3-12　钱塘江十八路潮神图（来自吴山伍公庙潮神殿）

对当地的贡献，封其为潮神。有些是小人物，但是因其忠孝事迹而被封为潮神。这些民间信仰都是挖掘盐运河文化的素材。

第八节　书圣与盐

戒珠寺，又叫戒珠讲寺，现位于绍兴市越城区，此地距离钱塘江很远。这个寺庙是书法巨匠王羲之故居之一。它和钱塘江盐业看似没有关联，但在东晋时期，钱塘江还没有南涨北坍，那时候没有萧山，绍兴是临近钱塘江的，该寺院附近有曹娥江支流，离钱塘江产盐区并不远，并且在晋惠帝时，绍兴开挖了浙东运河，之后不断向东扩建，该运河除了满足灌溉外，也承担了钱塘江南岸的盐运漕运。《浙江通志·盐业志》中也明确记载了绍兴的三江、曹娥一带过去都是盐场。可以推测，王羲之住所距离盐场不远，其西北是三江盐场，东面是曹娥盐场。盐在当时的绍兴是一项重要的产业。王羲之在《盐井帖》信中表达对蜀地的造盐方法很感兴趣，希望周抚来信告知。人们只顾着感叹书圣的字，却不闻其《盐井帖》的由来。如果代入当时绍兴的盐业视角，那么可以大胆推测：王羲之见惯了钱塘江边的产盐方式，甚至和当地盐官互有往来，听闻蜀地有不同的产盐方式，产生了兴趣，故以《盐井帖》问之。

戒珠寺的名字与王羲之有着深厚的渊源。相传王羲之有两个特别的喜好：爱鹅与癖珠。他常常佩戴一颗晶莹剔透的明珠，用以锻炼手指的灵活度，赋予书法更深厚的韵味。

有一天，王羲之正在欣赏白鹅戏水的景致，家僮通报有僧人到访。他将明珠随意放在桌上，便与僧人交谈起来。不久，又有客人来访，王羲之请僧人稍作等候，前去迎接客人。待他返回时，桌上明珠已不见踪影。他心生疑虑，怀疑是僧人所为，但并未明说，只是脸上流露出轻蔑的神情。

那僧人察觉到王羲之的异样，却有口难辩。不久后，僧人因内心委屈，茶饭不思，终以"坐化"为由绝食而亡。同时，王羲之家中的一只大白鹅突然病倒不吃不喝，肚子里发现了那颗明珠。原来，大白鹅误将明珠当作食物吞了下去。

得知真相后，王羲之深感痛心。他意识到自己错怪了僧人，对此深感懊悔与自责。为了弥补自己的过失，决定将整座住宅和田园的山林全部捐献给佛门建寺庙，并亲笔题写横匾"戒珠寺"，悬挂于门上，以示纪念与悔过。

他将住房改建成"戒珠寺"，表示以失落明珠的事件为教训，告诫自己对朋友应真诚相待，不能轻易怀疑他人。

《越绝书》中谓："朱余者，越盐官也，越人谓盐曰余。去县三十五里。"这里的朱余指的就是现绍兴的朱储村。

《越绝书》中朱余这个地方，在东汉之后便是生产和买卖盐的地方。和王羲之住的戒珠寺，均在绍兴段的钱塘江沿线，《越绝书》作者是东汉人，王羲之是东晋人，此处也可以证明在前文中王羲之所处的年代，钱塘江已经是产盐的地区。

肆

第四章
盐运河文化带
文化辐射

在守护中华文明、建立文化自信的大背景下，在钱塘江流域文化保护、挖掘、发扬的倡议下，钱塘江流域盐文化的整理挖掘和开发利用迫在眉睫。钱塘江盐文化是钱塘江流域文化的重要组成部分，对全面、系统和深入构建钱塘江文化具有重要意义。

盐文化是广义的文化产品，指的是盐本身作用之外对人们物质文明和精神文明的影响和由此产生的新的事物和思想，盐文化既是文化现象，又是文化载体。

钱塘江，古名"浙江"，亦名"折江"或"之江"，最早见名于《山海经》，是越文化的主要发源地之一。钱塘江流域是浙江省八大水系之一，是浙江省第一大河，世代孕育着浙江文明。其有南、北两源。北源新安江经淳安至建德与兰江汇合，东北流入钱塘江，是钱塘江正源。南源衢江与北源新安江流至建德梅城汇合后称富春江，向东北流经桐庐县、富阳区，在东江嘴揽入浦阳江后称钱塘江，向东汇入东海。钱塘江河口独特的水沙条件，孕育了两岸的杭嘉湖、萧绍宁平原，使之成为一方不断成长的沃土，成为富庶的江南鱼米之乡、丝绸之府、文化之邦。

钱塘江流域地处中国东南沿海，长江三角洲南翼，面临杭州湾，滩涂广布，生产海盐的土地、海水、柴薪丰富。此外，海水随着潮水倒灌入钱塘江，形成了独特的江盐，使得盐业的分布不局限于临海，钱塘江流域有着东西分布广泛的盐业，再加上浙江水域广泛，河流四通八达，也为其成为盐业中心地区和此地盐文化孕育发展提供了地理条件。钱塘江流域自古以来商业繁华，而钱塘江盐业正是其不可或缺的成因。

从元代开始，钱塘江流域盐业经济就比较发达，当时有盐产量很高的盐场，是非常重要的盐产地。明代万历年间，杭州府仁和、许村场的盐课数就占了两浙年产量的一半，占全国的十分之一。同时，杭州作为钱塘江流域最中心的城市，还是一个十分重要的食盐集散地，全国的盐商也聚集于此。元明两代的两浙都转运盐使司都设于杭州，作为两浙地区盐业的管理机构。

其中钱塘江流域的产盐地主要集中在两个地区：① 入海口地区，该地区为海盐，由于钱塘江入海口较小，入海口被甬江流域覆盖。② 从地理和人文影响的角度来看，钱塘江流域的盐文化主要集中在海宁盐官余杭连线与萧山义蓬区域，一北一南，该区域的盐是由钱塘江大潮回流时带来的，所以这两处称为江盐区。钱塘江江盐是由世界上独一无二的景观所造就的，其所孕育的独特历史人文非常具有研究价值，且对萧山、海宁，甚至杭州、绍兴等地区的衣食住行、生产生活、人文品质等产生了一定的影响。除了传统的盐运河外，宋神宗时期新开的盐运河，对杭州与周边地区的发展也产生了重要的影响，发挥了重要的作用。

后因清代钱塘江溃堤，盐民为生存而迁徙于两岸间，促进了盐文化的跨江传播。有些盐民盐转农，往内陆搬迁，将盐文化带到了离钱塘江更远的地方。从杭州、老余杭、萧山、临平、海宁等地区的地名中，都可以发掘许多有关盐的痕迹。从非物质文化的诗歌、民俗活动、民间信仰中，也能看见许多关于钱塘江流域盐文化的影子，且从代表物质文化的食物、器皿、盐商建筑等方面也能找到盐文化的踪迹。可见，盐业的文化辐射是非常深远的。

第一节　以盐为名——钱塘江流域
盐业地域分布与地名

明代小说《三刻拍案惊奇》第二十六回，写过当时的杭州人如何把挖来的江沙泡煮成盐——"东首一带，自钱塘江，直通大海。沙滩之上，灶户各有分地，煎沙成盐，卖与盐商，分行各地。朝廷因在杭州菜市桥设立批验盐引所，称掣放行，故此盐商都聚在杭城"。

一、钱塘江流域产盐地区分布

宋朝中期以前，钱塘江江道从龛山与赭山进出，盐官外面还有三四十里海滩，大潮成江，小潮成滩。盐官人就地取材煮海为盐，后改为盐板晒盐。

钱塘江流域盐场主要分布在南北两岸，尤其是北岸海宁境内盐业遗址丰富。老杭海公路南侧，有一条运盐河，东至黄湾，西到翁家埠，长百里，传说沿河有七十二盐所。盐所既是管理机构，又是生产单位，下设若干盐场、盐仓。生产的盐，经运盐河运往指定仓储，或运往盐官集散。

在萧山的头蓬有一个浙东工号盐场。盐场旧址位于钱塘江南岸，与江北海盐隔江对望，现称萧山区义蓬镇南沙村，头蓬老街以东，南沙大堤以北，从萧山国际机场东大门一直往北，约五千米处，此处过去临江，由于20世纪60年代围垦填江的缘故，此处现位于钱塘新区大江东内部腹地。其余零散的盐场分布在江道南北两岸，江北为主，如翁家埠、许村等。如今此处江道已改，经过了大面积围垦，南岸已经面目全非，北岸的原貌保存得较好，还存有国家级文物保护单位朱家园煎盐遗址。

据《宋会要辑稿·食货二三》所述，南宋初期，浙西路秀州（现浙江省嘉兴市）有华亭买纳场，设青墩、下砂、袁部、浦东催煎场，有广陈买纳场及管下芦沥催煎场……临安府（今杭州）有仁和、盐官买纳场，设上管、蜀山、岩门、下管，南路袁花、黄湾、新兴催煎场，还有西兴买纳场、钱塘催煎场、西兴催煎场。浙东路绍兴府有曹娥、石堰、钱清、三江买纳场；明州（今宁波）有昌国（今象山）、岱山（今舟山）、鸣鹤、玉泉买纳场等。

元至元三十一年至大德三年（1294—1299），两浙煎盐产地由44场合并为34场，盐场数量仍列各省之前，其中浙西有仁和、许村、西路、下砂、青村、袁浦、浦东（以上四个地方今属上海市）、横浦、芦沥、海沙、鲍郎等11场；浙东有23场，西兴、钱清等均属绍兴、宁波等地。浙东盐场有部分归属于甬江流域，故不在研究限定范围之内。

明代嘉靖年间（1522—1566），两浙有盐场35场，其中许村、仁和两场直属都转运盐使司，隶宁绍分司的有15场，嘉兴分司5场，松江分司5场，温台分司8场。

清乾隆十二年（1747），钱塘江江道改道，北岸海水变淡，两岸滩涂北冲南淤，浙西的盐场逐渐衰退，浙东余姚的浅滩则向北淤涨，并在清末逐渐形成了面积最大的盐场。清代两浙盐场西衰东涨，钱塘江盐业也逐渐没落。

中华人民共和国成立后，我国对钱塘江进行了大面积的围垦，江道大改，江面变窄，过去盐业的痕迹也逐渐消失，很多沿江盐场甚至变成了内陆腹地。但是钱塘江千年的盐业历史在今天依然影响着钱塘江流域的精神文明与物质文明。

二、与盐相关的地名考证

钱塘江流域产盐贩盐区包含海宁、余杭、萧山、杭州四地，现均存有与过去盐业有关联的地名。

（一）产盐地名

"余"字在古代越语中有一种意思是盐，萧山在西汉时名为余暨，有一种说法是萧山地处暨浦之余（下游），也有一种说法是萧山为产盐的地区，故名为余暨。王莽始建国元年，改县名为余衍。据《萧山县志》记载："余暨以其地能产盐故名，而王莽改余暨为余衍，亦即盐官斥衍之说。"此外，从钱塘江入海口的地理位置来说，自西向东，依次排列为余杭、余暨、余姚，三地均为临江入海的产盐之地。

除了"余"之外，"团"是盐场生产组织，盐团名称出现不晚于宋元丰年间，宋代盐团多出现于闽浙一带。灶户形成"聚团聚煎"的生产形式，古时每个盐场都设几个团，每个团设若干灶户。团有大团、小团之分，小团多数以当地居民的姓氏命名，海盐地名中就有许多团，有的以方位命名，现在在沪杭公路中段，长川坝与澉浦之间有一个小站，叫北团村，正是当时北团的中心所在。还有的团以顺序号命名，如大一团、五团、六团、八团等，其中五团、八团等作为地名沿用至今。清代《钦定重修两浙盐法志》卷二中的《许村场图》显示，沿江有着大大小小的团仓。团是生产单位，仓是这个团生产完存盐的单位。

（二）存盐地名

历史上，钱塘江流域是重要的产盐贩盐之地，留存下许多盐的痕迹，除了上述所说的因产盐而命名的地名之外，因储盐存盐也留下了许多地名。江北岸海宁境内目前还有新仓、旧仓等以历史上盐仓为名的地名。海宁和萧山均有以老盐仓命名的地方，一处位于海宁星星港湾，一处位于钱塘新区青六线以西、大江东宝龙广场西南侧。此外，在乔司以东、十五堡以东、翁金线以南，有一处地的地名为西盐仓。钱塘江流域还有许多以仓为名的地方，而省略了盐字。

（三）管盐之名

据介绍，在2 100年前的西汉时期，这块土地的领主吴王刘濞就利用钱塘江通海的便利，制造食盐来牟利。为了有力地管理盐务，在这里设置专门的官员——盐官，后来将官名当作地名，把这块土地命名为"盐官"。

此外，乔司在过去有个盐业衙门，叫盐课司，司就是当时管盐机构的名称。从别处乔迁而来，故称乔司。据《余杭通志》记载，乔司，就是取盐课司乔迁之意。

（四）贩盐之名

贩盐包括了买盐和运盐。

上塘河的别名叫运盐河，负责把从海宁到杭州沿线盐场生产的盐运往各地。

苏轼曾在汤村监工盐运河开凿，历史上有一条上塘河之外的盐运河连通了汤村、赭山、海宁等盐场。

杭州的联桥，原名为盐桥，又名广福桥、惠济桥。盐桥一带历来都是百业骈阗、商贾辐辏、人丁兴旺的风水宝地。1920年，建盐桥大街时，拆改拱桥成平桥。1986年整治中河时重建，拆除广福庙改建由胡庆余堂制药厂出资的"庆余亭"，桥侧镌"古惠济桥"名。1992年拓宽庆春路时，将平桥拼宽成梁版式公路桥。同时，杭州的中河，早在隋炀帝开运河时，就河以桥名，叫"盐桥河"，连桥西的城门也叫"盐桥门"，而这座桥，正是盐商集散处。（摘自《武林坊巷志》）

"清泰门外盐担儿"是杭州流传的一句老话，清泰门外的荐桥也被称为"箭桥"，如今叫作"水漾桥"，在文学作品中经常出现。进了崇新门就是荐（箭）桥大街（大致位于现在的清泰街），此街非常繁华，所以一直是盐商、灶商定居的地方。

三、纪念馆与遗址

（一）盐业银行杭州支行

盐业银行旧址位于杭州市上城区湖滨街道中山中路271号。该行于1915年由张镇芳发起建立，为中国"北四行"（盐业银行、金城银行、中南银行和大陆银行）之一，于1921年在杭州设立办事处，即盐业银行杭州支行（见图4-1）。该建筑是杭州具有代表性的近代金融建筑之一。

图4-1　盐业银行杭州支行

（二）中国盐业博物馆

中国盐业博物馆（见图4-2）坐落于舟山市岱山县高亭镇徐福大道959号，建于2005年，占地面积约达5 500平方米，建筑面积约1 762平方米，博物馆的建筑造型宛如洁白的海盐结晶，展现出了独特的艺术魅力。博物馆致力于展示盐文化的深厚底蕴，通过丰富的陈展内容，再现了盐文化的历史长河。

图4-2 中国盐业博物馆

馆内的展品内容精彩纷呈，共包含三个主要部分。首先是制盐工艺厅，这里详尽地展示了制盐的全过程，让游客们得以一窥制盐技艺的奥秘。接下来是盐雕展览厅，这里以盐为原料，巧妙地塑造了一系列描绘盐民劳动、斗争与生活的雕塑群，生动展现了盐民们的风采。最后则是制盐劳动资料实物展览厅，这里陈列了"煎煮""板晒""滩晒"等制盐工艺演变过程中的各种盐业劳动工具，以及文字、图片和实物，让游客们能够深入了解制盐工艺的演变过程。

（三）庵东"七·二三"盐工革命斗争史陈列馆

宁波慈溪市庵东镇，伫立着一座庄严肃穆的纪念馆——庵东"七·二三"盐工革命斗争史陈列馆（见图4-3）。该馆详细展示了庵东镇辉煌的盐业历史及盐工们为争取自身权益而英勇斗争的壮丽篇章。庵东，昔日浙江盐业之重心，盐田辽阔，盐民众多，年产量曾高达200万担。然而，在这富饶之地，盐民们却饱受封建势力与资本家的残酷剥削与压迫。

图4-3　庵东"七·二三"盐工革命斗争史陈列馆

回溯历史长河，1924年7月23日，庵东迎来了历史性的转折。万余名盐工毅然奋起，高举正义之旗，掀起了震撼中外的罢工斗争，并最终取得了胜利。此次暴动被誉为"七·二三暴动"，体现了庵东人民反封建、反剥削、反压迫的斗争精神。

为铭记这一伟大历史事件，1994年7月23日，"七·二三"盐工革命斗争史陈列馆正式对外开放。馆内陈列着丰富的历史资料和珍贵实物，生动再现了盐工革命斗争的壮丽历程。游客们可以近距离观看秤放总局的精致模型和古老的制盐工具，深切感受那个时代的氛围。

1996年3月，陈列馆被光荣地命名为慈溪市首批12个市级爱国主义教育基地之一。2005年8月，它再次荣获新荣誉，成为慈溪市红色旅游点，吸引着众多游客前来参观学习，共同回顾那段激情燃烧的岁月，传承革命精神。

（四）海宁朱家园煎盐遗址

朱家园煎盐遗址（见图4-4）位于海宁周王庙镇荆山村，经海宁文物局鉴定为清代煎盐遗址，此遗址规模不大，但确实是一条探索盐

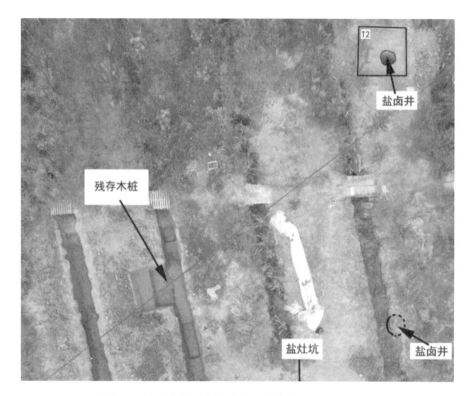

图4-4　海宁朱家园煎盐遗址局部（来自浙江博物馆）

文化的线索。据2020年《潇湘晨报》记者去采访考古专家与当地村民
所述：村民谈建烈回忆，小时候常听村里的老人说起，荆山村这带曾
被叫作"盐沙"（村民称其为用来储存盐的地方），就在遗址旁边的池
塘曾经是直通长安运河的河道，这里曾有一个用来运输盐的码头，停
满了船舶。

此外，朱家园煎盐遗址周边还保留多个池塘、河道、土备塘石闸
和三条出盐港等运盐水路和设施，其中，土备塘石闸已列入海宁市文
物保护点。

据有关考古专家介绍，朱家园煎盐遗址的发现有重大意义，虽然
海宁与"盐"的关系十分密切，但是在这之前从未发现过煎盐遗址，这
是因为钱塘江改道，曾经的煎盐遗址或许都被江水覆盖了，难以发现。

（五）许村奉宪严禁盐枭扰害碑

该碑（见图4-5）位于海宁许村镇沿塘街18号与19号之间，坐东朝西，青石质，高2.03米，宽0.9米，清雍正六年（1728）立。碑文16行，满行55字，楷书阴刻800余字，碑额上刻云纹，中间楷书阴刻"奉宪严禁盐枭扰害碑"，叙述了雍正时许村一带贩私盐成风，县府立石永禁一事。此碑对研究清初海宁盐业情况有一定的参考价值，同时印证了上塘河在雍正年间的盐运情况，证明了该河段在清代仍保持正常航运，是京杭大运河运输系统的有效组成部分。

图4-5　许村奉宪严禁盐枭扰害碑

2011年，该碑被公布为第六批浙江省文物保护单位（序号265）。

综上所述，钱塘江流域盐业有过辉煌的时期，当时的盐产量在全国范围内占比很大，盐业分布非常广，随着地理改变和人为原因，格局由从西强东弱（北强南弱）逐步走向东强西弱。盐业的发达给杭州、萧山、海宁、绍兴、余姚等地留下了许多历史痕迹，也给当地的人文刻上了盐的烙印。

第二节　以盐为生——钱塘江流域盐民与盐商

一、盐民生产生活

旧时钱塘江边的盐民，大都父传子，子传孙，世代传袭，子子孙孙，祖祖辈辈，就靠着一条钱塘江，晒盐度日。由于钱塘江经常坍塌，坍而复涨，涨而复坍，所以晒盐人就常常要搬家，居无定所。

中国古代有三大苦：炼铁、晒盐、磨豆腐。盐在国民生产中的重要性，以及盐民工作生活的艰苦属性，使得盐民不会被抓壮丁，所以盐民生活虽然苦，但全家人都聚在一起。

在汉代，罪人和僮奴从事煮盐劳作。唐宋至清代，盐业生产者被列为专籍，终身煮盐，子子孙孙失去择业的自由。盐户们煮盐艰辛、生活悲苦，明代廷臣在其疏奏中将盐民比喻为"天下小民之最"，史料中也多有关于盐民悲惨生活的记录。

在历史长河中，钱塘江流域发生过盐民斗争的故事。如前文提到的，1924年，余姚盐民反公仓的斗争，是当时浙江最大的一次罢工斗争。它不仅是浙江工人运动复兴的起点，也是全国工人运动继"二七"大罢工之后由低潮走向复苏的重要标志之一。中国工人运动领袖邓中夏称之为"中国职工运动复兴的征兆之一"。

钱塘江盐可以分为海盐和江盐，其中江盐是由潮水倒灌入钱塘江带来的，江盐是钱塘江盐的主要特色。钱塘江有两种沙滩，一种是被潮水带来的泥土冲积得有一定高度的老沙滩，还有一种是刚涨起来的新沙滩。盐场就在老沙滩上，离江面两三里地，一般遇小潮汛时不会被淹掉，但每逢月半的大潮汛，这些沙滩仍旧要被潮水淹没。由于每月潮水的浸泡，带来了大量的盐分，表面的沙土形成了一层盐屑，所以这些晒盐的沙滩寸草不生，而且很平整。大伏六月是晒盐的最好季节，天越热，这表土就越咸，晒盐的人就要在大潮汛来临之前，刨下这表面的咸土，堆成土堆，这些有着盐分的沙土就是晒盐的原料。

每天太阳刚露面，盐民们就背着拖刀去刨土，这刨土的拖刀是一块大约 50 厘米长、10 厘米宽的铁板刀，拖把是用两条木棍组成的拖刀架，这拖刀就安装在木架的下方，木架的上方用一根绳子连接，绳子就绑在后腰部，刨土的人面向拖刀，两只手握着这两根木棍，依靠着腰间绳索的拉力倒着行走，看着拖刀入土的深度，以掌握其深浅。需深浅得宜，太深了沙土盐分不够，太浅了不能取到一定数量的土，一般入土最好在 2 厘米左右。

把土拖松后，经过一天的暴晒，就要用板耙将这些土收集成垅，收集时就将左右 2 米的松土拢成一条条土丘。晒盐全靠天吃饭，在收土的时候要是来一场雷雨，所有的汗水就白流了，所以这土丘就要赶紧挑成土堆。一般一户盐民大约晒 20 亩的沙土，然后在其中央，堆起一个高超 1 米，直径为 10 米以上的圆形土堆。这些土全要靠人一担一担地挑起来，若收集 20 多亩的沙土，最好的劳动力也要挑上 5 天。并且堆土的地方，地势要高一些，不能让潮水淹没了它。打土堆是很讲究的体力活，在选好堆基后，还要请太阳菩萨、潮神菩萨，求太阳菩萨多出太阳少下雨，求潮神菩萨多关照，别让潮水冲走这千辛万苦堆起来的土垛，好多出盐卤多晒盐。盐土堆泥还必须夯实，在泥堆的四角挖上 1 米见方的 4 个小坑，在小坑的四周用黏土拍结糊住沙土。4 个小坑被称为漏圈，是用来储水的，让水渗透盐土，沥出盐卤来。在土堆中还要插上 10 厘米长打通了竹节的空心竹，用来接渗出来的盐卤。打好土堆，糊好漏圈，插好竹管，接下来就要往这些漏圈里注水。土堆下方埋了一个有几十担容积的盐卤桶，经水渗透的盐卤经过竹管流到卤桶中，成了晒盐的盐卤。有了盐卤，就可以晒盐。江边晒盐要比海边晒盐繁复得多，辛苦得多。

二、盐商与盐官

海宁盐官是盐业权力系统所在，北寺巷曾设有官府衙门，许多盐商也聚集于此，发展家业，繁衍后代。

盐官作为国家对盐业的管理机构，最早出现在春秋战国时期，在钱塘江流域，当时越国已经有盐官之设，《越绝书》卷八云："朱余者，越盐官也。越人谓盐曰'余'。"盐官的所在地在绍兴北部的朱储村。西汉初，吴王在海盐县武原镇附近设司盐校尉，汉代、三国、东晋均在钱塘江流域设有盐官，禁民私煮。

隋初起开放盐禁，此后到唐代开元年间均没有设置地方盐官。之后盐业又恢复到官专卖制度，盐官又回到了历史舞台。钱塘江流域盐业分散，管理不便，故所设机构较多，唐代乾元元年（758），东南地区有10监、4转运场和13巡院。10监中钱塘江流域就有嘉兴、临平、兰亭（绍兴）3处；4转运场中有湖州、越州（绍兴）、杭州3场，其中杭州转运场规模较大，经营盐的收纳、储存、分运、批发；13巡院中浙西巡院（在江苏镇江）为了堵缉浙江私盐而设，钱塘江流域设有会稽东场、会稽西场、余姚场。

盐商指的是从事盐的运销经营活动的商人，盐商的兴起和没落与盐的运销体制密切相关。钱塘江流域的盐商作为一个特殊群体，始于唐代，兴于明清，然后于清末走向没落。中华人民共和国成立后，国家对盐实行统购统销，由各地国有盐业公司承担，而由民间资本构成的盐商则彻底退出历史舞台。

在清代，盐官的地位不高，官也不大，但都富得流油。由于盐业的专营，清朝历代的盐官都让人刮目相看，比如曹雪芹，他的一部中外闻名的文学巨著《红楼梦》，大部分是曹雪芹写自己家史的，他的爷爷曹寅就当过盐官。能担任盐官的都不是一般的背景，曹寅的母亲孙氏正是康熙皇帝的乳母。尽管曹寅在"江南织造"的职位上每年亏损高达百万两银子，但仍能顺利担任扬州盐运使，这是个权势滔天的肥缺，曹家从此掉进盐窝，享受着无尽的荣华富贵。俗话说，富不过三代，曹家到了曹雪芹的时代，已陷入困顿之中，皇恩已尽。

此外，还有大学士明珠的家奴，朝鲜人安仪周。自从他跻身盐商行列，每年便有大量白银涌入，高达百十万两。数年间，他所收藏的字画便已经富可敌国，更不必说其他庞大的家产了。他当年的收藏，如今都已成为国宝，就连大画家王时谷也专门为他审订书画。乾隆皇帝数次南巡的花费，都是由这些盐官盐商筹集的。令乾隆皇帝也不禁感叹，若能重来，他宁愿放弃皇位，只愿成为一名盐商，享受那份宁静与清福。①

第三节　以盐为念——钱塘江流域盐民信仰、传说与名人轶事

一、盐神

海盐地区以煮海为盐的创始者宿沙氏为盐神，井盐区以不同的历史或神话传说人物为盐神，运城盐池以关羽为盐神，春秋的管仲也属这一类。无论是历史故事，还是神话传说，盐神都是为当地盐业作出巨大贡献的人物，以保佑当地居民世世代代都因为盐业的发展而生活富足、安居乐业。

浙江的舟山和嵊泗产盐区还信奉塯神，塯是为了产盐所建造起来的重要工事，决定制盐的成败，盐民认为这个塯是有灵性的，需要祭拜，以求制盐生产活动能顺利进行。塯神与门神、灶神、厕神一样属于将生产生活的工具拟人化进行崇拜。与全国其他地方的盐民崇拜相比，浙江地区的塯神崇拜独具一格。②

二、潮神和太阳神

盐民晒盐非常依赖自然因素，潮水能带来盐，太阳能保障晒盐顺

---

① 刘鹏飞：《清代的盐官和盐商》，《潮州日报》2015 年 7 月 17 日。

② 于云洪，王明德：《盐业神祇谱与盐神信仰》，载于《扬州大学学报（人文社会科学版）》第 19 卷第 3 期，2015 年。

利完成，于是潮水和太阳变成了盐民的期待。

据记载，钱塘江流域的民间潮神有十八位，在杭州市区最负盛名的是伍子胥。在吴山伍公庙中，记录了这十八位潮神，分别是文种、霍光、曹娥、周凯、石槐、胡暹、朱彝、张夏、陆圭、天妃、周雄、黄恕、曹春、乌守忠、彭文骥、晏戍仔、陈旭、汤绍恩。在杭州、海宁、萧山、绍兴等地多有潮神崇拜习俗与相关遗址。

关于太阳神，说法众多，有的人认为指道教太阳星君，有的人认为指羲和、东皇太一，还有的说是指太阳、金乌鸟。

三、盐的传说

舟山产盐地区，有关于严卤的传说，他聪明过人，不畏强权。据传，东海小岛住着一个老捕鱼人叫严卤，捕鱼时拉上来一个金葫芦，葫芦里飞出了金凤凰，金凤凰是龙王之物，落在哪里哪里就有宝贝。它落在了退潮的海涂上，留下了两个爪印就飞走了，严卤将带有爪印的海泥带回了家，当地渔霸得知后，就抢走了海泥献给国王，还抓起了严卤，后来国王偶然发现海泥滴下来的水加在菜里非常好吃，贪得无厌地去装了一百船海泥，结果船翻了，自己也死了，海泥掉进了海里，导致海水变咸了，而严卤最后则恢复了自由，此后人们讲海水晒盐，把晒干的叫作盐，把盐水叫作卤，以此来纪念严卤。[①]

在浙江海盐地区，也有类似的传说，主人公名叫张郎，故事中有黄帝的参与，但故事结局相对悲惨。

四、盐业名人

钱塘江流域产盐之地上，诞生了一些名人，他们的生平故事、精神

---

① 陶聪：《卤惑人心》，江苏凤凰科学技术出版社，2017 年。

品质、家族家训、文化遗存等对于盐文化探索和研究具有一定的意义。最具代表性的便是海宁查家、王国维、李卫、金农、海宁许氏家族等。

（一）海宁查家

海宁查家诞生了许多知名人物，如金庸，原名查良镛，出身于海宁望族查家，是当代脍炙人口的武侠小说家。查氏家族历史悠久，曾参与经营长芦盐场，此外，还经营当铺、商铺、丝绸，这些在当时都是大买卖。

金庸家乡在海宁袁花镇，是有名的产盐之地，家族祖先更是从事盐业生意。金庸童年遇日寇侵华战乱，随父母跨过钱塘江，躲避到宁波，其间母亲病逝，葬在庵东镇（当时被称为浙江盐都）。

然而，在清朝时期，查氏家族历经起起落落。明末举人查继佐积极参与抗清斗争，后因明史案牵连入狱。嗣字辈的查嗣琏和查嗣庭，也因不同的原因而遭遇挫折，使得查家一时元气大伤。

然而，在逆境中，查家依然秉持着重视教育、家教严谨、民族意识强烈、侠义之心不灭的家风。金庸的祖父查文清便是其中的佼佼者，他在光绪年间中举、中进士，曾任丹阳知县，以卓越的政绩赢得了百姓的尊敬。在处理著名的丹阳教案时，他立场鲜明，放走肇事百姓，自己扛下罪名，展现出了查家重视文教的家风和反帝国主义压迫的精神品质。

近现代以来，查家又全面复兴，人才辈出。既有诗人查良铮（穆旦），翻译了普希金、雪莱、拜伦等文学巨匠的作品，被誉为"现代诗歌第一人"；也有教育家查良钊、查良鉴，为教育事业作出了杰出贡献；还有"纺织大王"查济民，创办了中国染厂，成为纺织工业的佼佼者。查济民在90岁高龄时，还主持重修查氏家谱，为家族历史的传承和发展作出了巨大贡献。

（二）王国维

王国维，1877年出生于浙江海宁，远祖为宋代重臣王禀。王禀因抗击金兵为国捐躯，被宋高宗追封为安化郡王，命其孙王沆袭封，赐第盐官。盐官在宋代是钱塘江北岸的产盐重地，王家的祖先与盐有着密切的关系。王国维三代以上都是国学生，父亲也是读书人，因为太平天国起义，所以为避祸而弃文从商。

1923年，末代皇帝溥仪要聘请"海归"当老师，便请了王国维去。不久之后，溥仪就被冯玉祥驱逐出宫，王国维觉得这是"奇耻大辱"。情绪一激动，就约了罗振玉等一帮前清遗老准备投河"殉清"，但是没能成功。

后来，清华大学又来聘请他当老师，他也要事先请示溥仪，得到后者批准才去上课。最终王国维还是以"殉清"结束了自己的一生。

王国维的祖先任职海宁盐官，其家族世代重视读书，为国效力，对当时政府具有强烈的忠诚感，在王国维的结局中甚至可以看出一种文人的固执。

（三）金农

扬州八怪之首——杭州画家金农是由盐商发掘和捧红的。

金农（1687—1763），字寿门、司农、吉金，号冬心先生、稽留山民、曲江外史、昔耶居士等，因其人生历经康熙、雍正、乾隆三朝，所以自封"三朝老民"的闲号，钱塘（今浙江杭州）人，布衣终身。代表作有《东萼吐华图》《空捍如洒图》《腊梅初绽图》《玉蝶清标图》《铁轩疏花图》《菩萨妙相图》《琼姿俟赏图》等。著有《冬心诗集》《冬心随笔》《冬心杂著》等。此外，金农时常仗义疏财，在江南文人中的威望很高。

金农多次参加科举考试都没有考中，年过半百开始学画，希望从中找到出路。盐商给他创造条件，让他"出有车""食有鱼"，在幽雅舒适的画室里，潜心作画，提高艺术。盐商还主动出资为其刊印著作，金农的《画竹题记》是江春资助出版的。江春就是《大清盐商》

里张嘉译饰演的男主角汪朝宗的原型。乾隆六下江南，都是江春筹划并张罗接待的。

在历史上，盐商虽然富有，但常常被官僚和世俗所轻视。为了改变这种状况，盐商采取了一些措施，其中之一就是聘请名士为其作画、写联、题匾，以提升自身的文化价值和修养。盐商除了长期资助金农外，扬州八怪中的黄慎也曾得到盐商李氏和汪璞庄的资助。这些交往互动不仅对盐商自身的修养有所提升，也促进了金农等书画家的发展。

总的来说，当时盐商附庸风雅，礼贤养士。金农与盐商之间的关系是一种文化与经济的交流与互动，这种关系在当时的社会背景下具有一定的普遍性。

（四）李卫

清代中期大臣李卫先后担任过浙江巡抚、两浙盐政使，除了缉查私盐外，亦擅长捕"盗"。李卫不畏权贵，惩奸除恶，传为一段佳话。在江浙任职时，李卫对不法盐商进行了严厉打击。他负责追查当地的私盐问题，发现很多盐商勾结京城里的权贵，进行不法活动。为了整治盐商，李卫不畏惧京城里的权贵，采取了一系列措施。他不仅加强了盐政管理，严禁私盐的流通，对违法盐商进行严厉惩处，还推行公平交易，要求盐商公平合理地定价，不得哄抬价格或恶意压价。

为了有效打击盐商的勾结行为，李卫加强了与其他地区的合作，共同打击跨地区的盐商犯罪。此外，他还推行了税收改革，通过合理设置税种和税率，增加盐商的税收负担，从而减少其不法活动的收益。

总的来说，李卫在江浙任职时通过加强管理、推行公平交易和税收改革等措施，有效地遏制了盐商的不法行为，维护了市场的公平和稳定。

（五）海宁许氏家族

海宁许氏家族自唐代以来，逐渐发展壮大，史料中对其记载比较详细，但也有许多新内容是有待挖掘的。海宁盐官的产盐地许村就是以许氏来命名的,海宁许村本名"许坟村",许坟就是许景衡的墓。许景衡(1071—1128),字少伊,祖籍洛阳。自幼聪颖好学,经史过目不忘。少年时曾师从著名学者陆佃(后成为王安石变法的中坚人物),后被赐进士出身。历任太学博士、秘书省正字、宣教郎、秘书监等职。在政治上,许景衡主张选贤任能、重用人才、改革科举制度等,并力主加强国防、整顿军队、减轻赋税等。不仅如此,他还是一位杰出的书法家和诗人,书法风格潇洒飘逸,诗文清丽脱俗。

海宁许氏尊许远为始祖,唐代将领许远与张巡抗击安禄山叛军的事迹被后世广为传播,两人也成为忠君爱国的楷模。南宋时的民族英雄文天祥更是以许远、张巡为楷模,以表自身忠于祖国、保卫祖国的决心。其著名词作《沁园春·题潮阳张许二公庙》就是以许张二人的爱国精神来表达他对投降派的反对。宋朝时,尊许远为"保仪尊王",明朝时,封许远为"睢阳太守许公之神祇"。在清代,许远受重视的程度更甚,他的塑像还被请到太庙中,成为41位陪臣之一,与历代帝王共享皇家祭祀。许远的忠义对后人影响之深远可见一斑。

此外,许汝霖、许姬传、许国保、许行彬等也为国家和民族作出了贡献。总之,海宁许氏是一个历史悠久、文化底蕴深厚的家族,在历史上涌现出了许多杰出人物。

第四节　以盐为食——钱塘江流域盐业产生的食物与日用

一、盐与食文化

在生产不够发达、农业储存技术有限的时代,盐在饮食文化中发挥了重大的作用。

梅干菜，经过腌制、脱水、晒干，可长期保存，在钱塘江流域的浙江绍兴、宁波等地被称为"梅干菜"，在浙江台州被称为"菜干"，在广东梅州被称为"梅菜干"，有芥菜干、油菜干、白菜干、冬菜干、雪里蕻干之别，多是居家自制。做法是将菜叶晾干、堆黄，然后加盐腌制，最后晒干装坛。秋末冬初，为了保存蔬菜过冬，人们发明了梅干菜，由此衍生的"梅干菜焖肉"是一道典型的绍式名菜，被撰入《中国菜谱》。

还有一类腌制蔬菜是不用晒干脱水的，比如腌萝卜、腌冬瓜、腌茄子等。"倒笃菜"是一种源自杭州和绍兴地区的传统农家菜，主要由一种被称为"九头芥菜"的蔬菜制成。这种菜的制作过程包括手工清洗、晾晒、堆黄、切割、加盐揉搓、倒笃、发酵、腌制等多个步骤。其中，"倒笃"是这道菜独有的制作工艺，它包括将切碎并加盐揉搓脱水后的芥菜用力笃进坛子里，然后密封坛口，倒置整个坛子进行干腌，这一过程有助于保持菜的新鲜度和风味。

海宁的大酱十分有名，也叫豆瓣酱，是常见的食物调味料，用料是两斤黄豆一斤盐。关于钱塘江流域的大酱生产，不能不提官酱园，海盐国泰食品有限责任公司珍藏了一块百年老字号"官酱园"牌匾，"官酱园"三个大字的上方刻有"两浙盐运使司"一行小字，左边刻有"中华民国二年""盐字第二百六十九号""海盐县诸公泰兴"等字样，右上方还刻有"司烙"两字，并带防伪火印。

清光绪十三年（1887），硖石伊桥油车老板孙职卿和杭州盐商周某合资，在沈荡镇中市街开设了"三泰"酱油店，后为垄断沈荡酒酱业，又在东市街和西市街分别开设"泰兴"（即现在的厂址）、"丰泰"两酱园。

海宁市裕丰酿造有限公司，又叫"裕丰酱园"，"裕丰酱园"前身为始创于清道光十六年（1836）的"徐裕丰酱园"，由著名诗人徐志摩的祖父徐星甃创办，是浙江老字号，同时也是嘉兴市非物质文化遗产。

盐能使水果脱水，也具有防腐的作用。在南宋时期，杭州地区对果脯蜜饯的加工方法就有一定的发展和完善。据《杭州市志》记载，杭州蜜饯厂的发展历史源远流长，陈源昌蜜饯厂是晚清第一家经营蜜饯的厂子，清光绪五年（1879）由陈立勋筹建，地址在荐桥街（现在的清泰街），当时是杭州的盐商聚集地。

在老杭州的年货清单里，鱼干是重要的一味。隔水一蒸，或者加点老酒，就成为年夜饭必有的冷盘菜，也是整个正月里戒不掉的手边小食。通常，做风鱼干，他们会选十斤以上的鱼，大概能做出五六斤鱼干来。十二三斤的鱼做出来的鱼干味道最好。

杭州人入冬必备的美食，如冬腌菜、酱鸭儿、香肠等食物也是以盐为原料的，能保证食物长久不坏，熬到第二年春天。

二、盐的日用

现代人刷牙用的是牙膏，而古人则是用盐。《礼记》中有"鸡初鸣，咸盥漱"，说明那时候的人已经将盐水漱口作为牙齿保健的生活习惯，但盐在古代是一种珍贵品，官方是要控制价格的，寓税于价，并不是每个人都能消费得起盐，日常食用都稍显珍贵，更不要说用来漱口刷牙了。于是，酒、醋、药汤、茶水便成为漱口水的替代品。尤其是茶水这种便宜又易得的东西，成为普通人家刷牙漱口的首选。而在古人的清洁用品中，盐也有一席之地，比如用盐水洗脸，盐水具有一定的消炎杀菌作用，可以帮助促进毛孔里的脏物排出，起到清洁毛孔的作用，盐水洗脸还可以抑制油脂的分泌，去除脸上的油渍，缓解皮肤油脂分泌旺盛的问题。在古代人们也常用卤水来美容，那是因为卤水中含有钾、钠、氯、镁等丰富的矿物质成分，能促进新陈代谢、深层清洁肌肤、消炎、杀菌、去除多余角质层、收敛粗大的毛孔等。

食盐在印染行业中也广泛使用。食盐作促染剂，可调节染料对纤维的上染率。食盐也可作为酸性染料和阳离子染料缓染剂，以降低纤维吸附染料的速度，达到匀染的要求。

中国画中的撒盐法也与盐有关。在国画和西方水彩画中，有用撒盐法制造特殊肌理的画法，当水半干的时候，撒上盐来帮助吸水，盐融化时会将颜色化开，水干后会留下很独特的水纹，所以画家经常用撒盐法来描绘雪花、羽毛、云朵、花朵、远处虚景等画面元素。

明代盐价大幅下降，而这个时候钱塘江地区的产盐量居全国第二，如果说盐是从明代开始大量进入老百姓的日用领域，具备了日用的物质基础，那么盐又是从何地开始盛行的呢？钱塘江流域也许是一个重要的选项，当然，这是另一个研究课题了。

三、盐与医学

唐代著名的药物学家陈藏器在《本草拾遗》中记载盐的功能为"除风邪，吐下恶物、杀虫，明目，去皮肤风毒，调和腑脏，消宿物，令人壮健"。他还提出了"本草茶疗"的概念。陈藏器基于盐与茶的独特药学观点也许与其是宁波人有着一定的联系，虽没有强有力的史料作为物证，但其家乡的确与钱塘江盐业的文化辐射具有较高的关联性。古代诸多医学著作中也比较详细地提到了盐的医学功效。

第五节　以盐为居——钱塘江流域盐业对建筑与社区的影响

一、杭州铁路与盐

杭州老城站位于清泰门附近，最早的铁路便是始于江边闸口站，终于运河边拱宸桥站的江墅铁路（全长16.135公里）。江墅铁路中途设置了三个站，即艮山门站、清泰门站、南星桥站。这三个站均和盐相关，南星桥是钱塘江的大型码头，清泰门是盐商聚集地，艮山门是盐运河与京杭大运河交汇处。当时建造杭州铁路的负责人就是原两淮盐运使汤寿潜。

清光绪二十三年（1897），浙江本地士绅与外国势力争夺铁路经营权，英国向清政府提出承揽沪宁（上海至南京）及苏杭甬铁路的筑路权和运行权。第二年，英商怡和洋行与清铁路总办大臣盛宣怀秘密签订《苏杭甬铁路草约》，拟以清政府向英国借款的方式，修筑苏杭甬铁路，拿到苏杭甬铁路的运行权。

该草约被江浙绅商知道以后，引起了极大的愤慨，他们拒不承认合同，并决定自己成立铁路公司修建铁路，在浙江成立的是浙江全省铁路有限公司，原两淮盐运使汤寿潜被推选为公司总负责人。

杭州的这条老铁路是有明确的盐运历史和盐运事实的，至于盐运的比重有多大，站点设计是否为了服务盐运，这些已经没有记录，但从当时负责人的身份和站点设计来看，还是能找到较为明显的盐业痕迹。老铁路也影响着现在的杭州产业布局和城市布局。

二、钱塘江盐民居所

钱塘江江道多变，江道走南，江北就会淤起沙滩，于是盐工们就迁到江北海宁翁家埠晒盐。那里要是也塌了江，就又得搬到江南来。他们常常会在一夜之间，发现大片的沙滩轰轰地塌到了江中。盐工们的家就安在离晒盐地不远的沙滩上，是一些极其简陋的草棚，底部会高起一块，以防止潮水漫上来，也为了使室内相对干燥（见图4-6）。遇到塌江，他们就得带着家眷和晒盐的工具搬到另一个地方，重新搭草棚安家。中国大部分地区是农耕文明，因地而居，这种结构简易、

图4-6　钱塘江盐民草棚还原图（笔者自绘）

易于搬迁的建筑形式在历史上出现得较少，我们可以从现在工棚中找到类似的结构和形态。

三、杭派民居与盐

杭派民居具有大天井、小花园、高围墙、硬山顶、人字线、直屋脊、露檩架、牛腿柱、饬板墙、石库门、披檐窗、粉黛色等12项建筑特征，其中露檩架往往是室内挂酱鸭、咸肉用的，披檐窗是窗外挂腌制品的，大天井与第二层阁楼窗外即第一层楼的瓦顶，都具有晒干菜、鱼干等盐产品的功能。钱塘江一带的居民如果条件允许，会建一个矮墙或者灌木围墙，内有个小院子，如果天晴就会晒笋干、干菜等。此外家家户户都有盐砵头和酱菜瓶或缸，与其说盐影响了杭派民居，不如说是与盐相关的食物制作和收藏对杭派民居产生了一定的影响。

此外，杭州的城市格局也和盐息息相关，从宋代开始，盐商聚集地清泰门在当时是富人区，随着时间的推移，其他行业的商人也纷纷聚集于此，由此，清泰门形成了一批质量较好、保存较好的建筑，比如五柳巷旧建筑（以前是富人的居所，后为老百姓居住），这些建筑都与早期盐商聚集有关。

四、徽派建筑与盐

徽商盐业，是随着明初实行"开中制"而出现的，是徽商四大行业之一，其他三者分别是典当业、茶叶和木材业。

徽州的盐商多来往于钱塘江流域的盐场。盐商顺新安江进入杭州、衢州、严州、嘉兴、湖州、金华兰溪等地，很多徽商发家后，便在浙江安顿下来，在当地置业建房，把家乡的徽派建筑建造在异乡的土地上。这就是能在浙江看到徽派建筑的原因，也可以这么说，钱塘江流域产盐是吸引众多徽商安家的原因之一。徽派建筑（见图4-7）出现

图4-7　徽派建筑

在该流域，并对该流域的建筑形式产生了一定的影响。

第六节　以盐塑格——盐业对浙江经济文化的影响

一、苏轼与盐运河

上塘河的雏形可以追溯到秦朝，只不过在当时被称作陵水道，俗称秦河。宋代，上塘河亦称浙西运河。由于当时汤村（今乔司）一带均为盐场，仁和到海宁沿江一路也是盐场，食盐运输全靠上塘河，因此上塘河也俗称运盐河。从广义上来讲，从海宁到临平，顺钱塘江往萧山岩门，往东南到大江东赭山的这些支流都属于盐运河，有些河道是天然存在，有些是人工开凿，这些河流大部分至今依然存在，对杭州、萧山、余杭临平、海宁的人居分布、工业分布、城市规划产生了深远的影响。

宋神宗熙宁四年（1071）十一月，苏轼首次来杭通判，次年初冬，他奉运司檄来汤村镇督开运盐河。汤村镇今为临平乔司一带。当时有盐场，其盐用铁盘盛卤，山柴煎煮，色白粒细，味稍淡而鲜，受杭民喜爱，也是宋朝官府重要的财政收入来源。但汤村地处沙壤，河道狭小，运输不便。苏轼即因此奉派督役开河，以利盐运。他到达工地时，正值天雨，狭路泥泞，人马杂行，民夫叫苦不迭。

其本来就关心民众疾苦，此时又在遭贬之后，见此情景，对民夫颇为同情；但他也很清楚盐运的紧迫性。在这种矛盾心情的作用下，他写下了不朽诗篇《汤村开运盐河雨中督役》，真实记录了当时农夫冒雨开河"薨薨晓鼓动，万指罗沟坑""人如鸭与猪，投泥相溅惊""线路不容足，又与牛羊争"的凄楚情景。但是他也知"盐事星火急，谁能恤农耕"，于是"胡不归去来，滞留愧渊明"之心，油然而生，跃然纸上。

盐运河的开凿体现了古时杭州及周边百姓与自然斗争、艰苦奋斗的精神品质，相关史料和诗歌也记载了苏轼怜悯百姓、爱民如子的为官之道。这些都是值得后人学习的品质和事迹。

二、徽州盐商与浙商精神

徽商的崛起其实并不依赖于徽州本身的经济基础。事实上徽州在徽商崛起之前并不富裕，这是徽州的地形条件导致的。徽州地属山区，山多地少，当时的生产条件是不利于农业生产的，相对贫瘠。徽商的崛起依托的是明清之际推行的盐业专卖制度。一般来讲，徽商最早起家时实际上是在扬州做盐商生意，但实际上和浙江也很有关系。扬州地处长江与运河的交汇处，自古以来就是繁华之地，同时背靠两淮盐业而成为食盐的集散中心。徽州商人从新安江顺流直下到达杭州以后，沿运河北上就可以到达扬州，杭州和钱塘江流域在当时也是盐业的重要集散地。徽商在浙江安家，除了留下了徽派建筑外，也对后来的浙商精神产生了积极的影响，主要体现在以下方面：

（1）求变创新。徽州素有"七山半水半分田，两分道路和庄园"之称，可耕种的土地极为稀缺，地狭人稠的矛盾造成了徽州人生存的窘境，"穷则变，变则通"，求变创新促使部分徽州人改行"商道"，并树立了"读书好，营商好，效好便好"的崭新观念，打破了封建社会"士农工商"的社会地位排序。如今的浙商因地制宜、与时俱进、善于创新，在小商品外贸、特色块状经济、互联网巨头的诞生过程中都有一定的体现。

（2）诚实守信。徽州是"程朱阙里"程朱理学的发源地。徽商在"程朱理学"诚信思想的熏陶下，不搞欺妄奸诈、讲究货真价实。如"红顶商人"胡雪岩的药店胡庆余堂上挂了一块"戒欺"的牌匾。诚信是社会主义核心价值观的基本内容之一，浙商的诚实守信精神是其立足之本，是财富积累和现代信用体系构建的基础。

（3）乐善好施。徽州号称"东南邹鲁"，自古以来儒风独茂。徽商在儒家"仁者爱人"思想的影响下，经营成功以后没有为富不仁，而是积极投身社会公益和慈善事业，向社会伸出了宝贵的援助之手。修桥补路、捐资助学、救灾济困，浙商在这些方面传承得比较好。中国的慈善家排行榜前十位总是有多位浙商的身影，浙商履行相应的社会责任，提升自己的企业形象，赢得公众的好感和尊敬。

（4）开拓进取。徽州人中大多数是因中原战乱而搬迁避祸的移民。为了适应移民后相对复杂的新环境，再加上在新环境中人、地矛盾不断尖锐，徽州人不得不到外地闯荡发展新事业，这决定了徽商具有开拓进取的精神。徽谚说，徽州人"十三在邑，十七在天下"。而浙商同样具有这样的精神，无论是青田商人还是温州商人，开拓进取之精神使得他们在海外获得了相似的成功。

伍五

第五章

钱塘江流域盐文化的
价值转化思路

本章将深入探讨钱塘江流域盐文化的价值转化思路，旨在挖掘其深厚的文化底蕴，实现文化的传承与创新。

首先，我们需明确钱塘江流域盐文化的范围界定与文化定位。这不仅是对盐文化的清晰认识，也是价值转化的前提和基础。我们将从地域特色、历史渊源、文化内涵等方面，对钱塘江流域盐文化进行深入剖析和界定。

其次，盐民与盐商作为盐文化的重要载体，其文化形态与特色也是本章关注的重点。我们将分别探讨盐民文化和盐商文化的内容、特点及其在历史长河中的演变轨迹，以此揭示钱塘江流域盐文化的多样性与独特性。

再者，盐运河作为盐文化的物质载体，其历史资源的利用思路也是本章的重要内容。我们将从文化价值、题材选择、载体构建、受众定位等方面，探讨如何有效利用盐运河的历史资源，推动钱塘江流域盐文化的传承与发展。

此外，名人轶事与民俗的开发思路也是本章不可忽视的一部分。我们将深入挖掘钱塘江流域盐文化中的名人故事、民俗风情等文化元素，通过诗歌戏曲等文艺形式的创作与传播，以及旅游开发的实践探索，让大家更多地了解和感受钱塘江流域盐文化的魅力。

最后，从区域规划的新视角出发，我们将探讨如何将钱塘江流域盐文化与地方社会经济发展相结合，推动区域文化的创新发展。我们将通过政策引导、产业融合、文化传承等多种手段，实现钱塘江流域盐文化的价值转化与可持续发展。

第一节 范围界定与文化定位

关于钱塘江流域盐文化的定位，笔者认为应站在历史高度，考虑其对城市形成、人口聚落形成的重大意义。目前，钱塘江海塘正在考虑申报世界文化遗产，笔者认为钱塘江盐产业、盐运河和盐文化，从作用和意义来看，与海塘应是并列的关系，应具有同等的遗产价值。

本书对钱塘江流域盐文化进行梳理、挖掘，旨在为该地区盐文化的开发和保护提供依据和素材，具体的建议方案如下：

首先，划定钱塘江流域盐文化发掘的地理范畴，包括大的区域地理范畴与小的地点。相关区政府、镇政府，尤其是嘉兴海宁盐官、宁波余姚、绍兴上虞等地区需要统筹协调。当前，钱塘江江道和过去已经有了很大的不同，根据钱塘江主要盐场分布与保留状况，以及现在城市布局和江道地理情况的综合考量，可以将杭州和海宁作为两个中心地区，绍兴上虞，宁波余姚、慈溪地区等作为两个衍生地区，而平城、海盐、舟山等作为泛文化地区。

其次，划定钱塘江流域盐文化的保护范畴。盐文化的范畴很广，可以归纳为物质文化和精神文化两个方面。

物质文化有饮食、医疗、生产工具、生活用品、建筑、地点地名、运输河流、盐业遗址、历史遗址等。

精神文化有家族家训、舞蹈、诗歌、绘画、传说信仰、盐民回忆、制度、名人逸事等。

最后，把盐运河文化带，列入和西湖、京杭大运河、钱塘江并列的大杭州第四个标志性文化带，重视其在杭州经济发展史中的作用，重视其在钱塘江北岸地区文化发展史中的意义，重视其在京杭大运河、西湖、钱塘江三者间的文化串联作用，重视其对塑造钱塘江两岸聚落中的精神文化的激励作用。

第二节　对象选择——盐民与盐商文化

钱塘江流域盐文化的价值转化要有明确的题材，人是历史的主体，所有文化都围绕人展开，在钱塘江流域盐文化的语境下，盐民和盐商是主要研究对象。

一、盐民文化

钱塘江流域的盐民文化是一种深厚且独特的历史文化遗产，它反映了盐民们世代相传的生活方式、信仰、习俗，以及他们在艰苦环境中展现出的坚韧品质与非凡智慧。它也记录了盐民们的生活历程和精神风貌，为我们提供了认识和了解这一地区历史和文化的重要窗口。

钱塘江盐民主要分布在钱塘江下游的南北两岸，北岸以海宁、临平、杭州为主，南岸以萧山（今大江东）、绍兴等地为主。笔者认为，对盐民文化的发掘，离不开对一些盐场所在的村落和地区，以及对长居于当地的家族家庭进行调研。

文化发掘可采用的方法有四种：第一是访谈式调研，通过访谈调研该家族祖上是否有人从事盐业，以及询问关于盐民的一些生产日常、奇闻趣事、家训家风等，如果有老人健在，甚至可以了解到更多细节。第二是通过实地考察，寻找相关遗址、老照片、老器物等作为研究的推理和佐证材料。第三是文献调研，主要根据潜在的盐民后代的家谱（如有）、村志等，得出盐民的来源地，以及相关缘由。第四是基于时空的推测分析，针对海宁、萧山等地盐场的调研成果，基于已有资料进行时间和空间上的推测，梳理出文化产生与传播的动机、消失的原因，以及相互影响的线索。通过以上详细调研能够扩充盐民文化的内容，提炼盐民文化的内涵，寻根到盐，激活沿江一带人们的地域文化认同感。

二、盐商文化

从地方志、民间故事、文学作品等着手研究钱塘江流域盐商。研究内容为盐商家族家风，盐商在当时当地的社会地位和影响；盐商对后来的社会影响；盐商从何处迁徙而来，与当时政府的关系，从事的其他行业，文化造诣，家族资产等情况。

当时盐商集中居住在杭州清泰门一带，所以应对这一地区的历史变迁、经历的家族和目前长居家族进行重点调研。此外，对海宁盐官的许氏、查氏等祖上有盐商记载的家族也应给予重点调研。根据钱塘江江道的变迁，对临平乔司、海宁许村翁家埠沿线，甚至往东北方向的平城，往东的上虞、余姚等地予以关注，找出盐商故居，以及当地商人或乡贤的贩盐经历。甚至还可以对钱塘江上游徽商地区进行调研，关注从徽州去往杭州的盐商及其后续发展，从而从时间上和空间上探秘盐商之谜。由此，能更系统地去发掘钱塘江盐商的发展和变迁的脉络。

杭州的盐商故居是这一带珍贵的历史文化遗产，它们见证了盐商文化的辉煌和变迁。比如来自2004年浙江在线新闻网站的《盐商百年豪宅生存还是毁灭》这篇文章，其中讲到的江南孙姓盐商豪宅——馆驿后3号，是这一带仅存的一幢民国初期的建筑。住在这里的老太太是一位老知识分子，她从上海交通大学毕业后就来到杭州，这房子是她的干娘留给她的。她的干娘以前还会写诗，也懂英文，干爹是江南一带做盐生意的大商人。这幢盐商故居不仅具有建筑美学价值，还承载着丰富的历史文化信息，是研究盐商文化和杭州历史的重要载体。然而，随着城市的发展，许多盐商故居已经消失，因城市开发而被拆除。这些消失的故居无疑是盐商文化的一种损失，使得我们无法更全面地了解和感受那个时代的风貌。因此，对于现存的盐商故居，我们应加强保护和研究，让它们的历史和文化价值得以传承和发扬。同时，也应加强公众教育，提高公众对盐商的认识和了解，让更多的人了解这一独特的文化遗产。

从时间线看，明清时期是钱塘江盐商发展的高峰时期。盐商们借助杭州作为京杭大运河南端的重要节点，以及钱塘江流域盐业资源的丰富，逐渐形成了庞大的商业网络。他们不仅在国内开展盐业贸易，还积极与海外商人进行贸易往来，甚至转行投资其他领域，推动了杭州的经济繁荣。

到了近代，随着盐业政策的变革和市场的开放，杭州的盐商面临新的挑战和机遇。一些盐商开始将业务扩展到其他领域，如纺织、金融等，实现了商业的多元化发展。同时，也有一些盐商坚守传统，继续深耕盐业市场。

在当代，盐商早已退出历史舞台，但盐业的影响仍然存在，比如盐商的故事、建筑、产业、家族家风等对当地产生了深远的影响。因此，从盐商文化中挖掘钱塘江流域盐文化精神，通过文化传承、文化推广、价值重构等多方面努力，能使得钱塘江盐业文化焕发出新的生机和活力。

此外，钱塘江流域的盐商除了在本地做生意外，也在许多其他行业和其他地区有生意拓展。他们以本地资源作为基础，沿江而设，建立起完善的盐业生产和贸易网络；以盐运河为重要的水路交通线，享受着便捷的贸易通道。盐商们通过运河将盐产品运往全国各地，同时也通过运河带回了丰富的商品和信息。

第三节 盐运河历史资源的利用思路

一、盐运河的文化价值

杭州这座历史悠久的城市，其城区的扩张不仅展现了西湖、钱塘江、京杭大运河等知名水系的壮丽，更让我们注意到一条历来被忽视的重要河流——盐运河。盐运河的存在对杭州及周边城市格局有着深远的影响，但由于缺乏足够的保护和挖掘，它在我们的视野中仍是一片模糊。

盐运河在宋代经过扩建，从汤村通往赭山、岩门，再到翁家埠、许村，它不仅贯通了通往杭州和海宁的内地盐运通道，还形成了多条支流，覆盖了广阔的区域。这条运河的建造时间跨度大，人工与自然交错，是历朝历代钱塘江流域百姓辛勤劳动的象征。它的存在不仅仅是一个地理标志，更是对历史和文化的见证。

盐运河的历史资源，值得对其进行系统的研究和开发。本书整合了史书、地方志、民间信息等资料，并进行了现场勘察，对盐运河的流域和相关节点进行准确划定。这些节点可能包括码头、仓库、产盐地、贩盐地，以及盐民集中居住地等。这些研究不仅可以帮助我们了解盐运河的历史，还为后面开展钱塘江流域盐运河文化符号开发和应用及进一步传播盐运河文化奠定基础。

盐运河是研究盐文化的重要线索。除了钱塘江南北岸沿线的盐文化外，盐运河同样是一条不容忽视的历史遗迹，其蕴含着丰富的历史和文化信息。它深厚的价值，会为未来有关钱塘江流域盐文化的保护和利用提供坚实的依据。所以，挖掘盐运河的文化价值不仅是对历史的尊重，也是对未来的负责。

二、钱塘江流域盐运河文化构建的题材、载体与受众

钱塘江流域盐运河文化是结合地域、历史、乡土因素形成的综合产物，是地理因素和文化因素的相互交融。文化艺术景观和历史遗迹是地缘文化的重要组成部分，对其进行挖掘可以丰富地缘文化的内涵。以钱塘江流域盐运河的独特性为依托，在内外因的相互推动下，结合盐运河的地域特色，将盐运河作为一个区域共同的历史和文化符号，共建一种以盐运河为纽带的地缘文化生态，能够激发沿线地区居民的身份认同感及归属感，形成地方社群和地缘文化的凝聚力。

（一）题材方面

盐运河文化本身具有丰富的历史故事和象征意义，对盐运河文化的提炼，可以通过接触和体验地方文化、历史遗迹、传统习俗等，再对这些要素进行归纳和再塑。例如，突出地缘文化的特殊性，使用户获得一种深层次的文化体验和情感层面的满足；通过对典型的盐运河文化进行提取，并进行转译和聚焦，使盐运河文化符合社会价值和消费者应用理念；通过与地方文化和地域环境互动，使用户在情感上与特定地域建立深厚的情感联系和共鸣。

（二）载体方面

符号化呈现与传播是文化传播的重要手段。利用钱塘江流域盐运河沿线城镇的文化元素中具有象征性和代表性的符号，例如，特定建筑、传统图案、民俗元素、特色产品等，再融入创新和现代化的元素，使文化符号更具现代感和吸引力。通过创新设计等手法，使传统的文化符号与时代和潮流相结合，使其价值得到实质性的转化。值得一提的是，在分析钱塘江流域盐运河文化符号的过程中，我们更需突出盐运河沿线城镇的独特特征和文化元素，选择具有象征性的符号和标志，从而快速传递地域文化的信息和形象。在此基础上，通过图

像、文字、影像等形式，将关于地方历史、盐民记忆、地域特色等方面的地域文化故事融入展示设计中，从而让观众更好地理解和感受地缘文化的魅力。

（三）目标受众和应用场景

博物馆是公益应用场景的主体，是用于传播盐运河主题文化的主要渠道。以展览、讲座、文化节等形式向公众介绍盐运河主题文化可以吸引更多的人关注和参与。

社会企业参与也是文化推广的重要方面，多方共赢的商业结构能激发企业参与的积极性。企业通过设计赋能打造既有文化内涵又贴近生活的盐运河文创产品，并且融合年轻消费者视角，让文化遗产活态传承。

个人消费者也是一个庞大的群体，其应用场景也不容忽视。富有盐运河文化内涵和历史传统的文化创意产品，通过消费者的购买行为来传承和弘扬。打造文化IP，设计互动小程序，能使传播内容更加多元化，从而使得使用者可以更轻松地了解盐运河文化，并参与相关活动。这种互动性和多媒体形式的呈现有助于使盐运河文化更生动、更吸引人，并为消费者提供深入了解盐运河文化和参与盐运河文化传承的机会。因此，盐运河文化的年轻化设计显得尤为重要。

（四）盐运河文化传播的目标调研

笔者设计了关于钱塘江流域盐运河文化符号提升建设的调查问卷，该调查问卷的大众参与者共 103 人，笔者收集问卷 103 份，其中有效问卷 103 份。问卷共 37 题，这里只提取部分相关度高的结论来阐述。

笔者对问卷调查中与其研究目的相关的部分题目，以及用户期望、用户行为偏好等进行了详细的分析，这些分析为后期探讨文化价值转化提供了数据支撑。

从表5-1中可以看出大众对于钱塘江流域盐运河文化的理解为"怀念的、需传承延续",认为钱塘江流域盐运河文化的价值主要体现在"传统文化""传统技艺""传统饮食"上,对于钱塘江流域盐运河文化的创新发展途径则更多地选择"采用先进技术,创新模式""多方联合,协作互补",具体方式则围绕"典型形象挖掘与设计""文化遗产保护"来展开。

表5-1　对钱塘江流域盐运河文化了解程度与文化符号建设关系的交叉分析表

题　　目	名　　称	您对钱塘江流域盐运河文化是否有了解	
		是	否
您对钱塘江流域盐运河文化的理解是怎样的	老旧的、不需留恋的	5（12.82%）	14（21.88%）
	怀念的、需传承延续	24（61.54%）	24（37.50%）
	急需创新、注入新时代血液	10（25.64%）	26（40.63%）
您认为钱塘江流域盐运河文化的价值主要体现在哪些方面	交通运输	31（79.49%）	52（81.25%）
	历史运输	25（64.10%）	30（46.88%）
	传统技艺	34（87.18%）	42（65.63%）
	传统建筑	30（76.92%）	24（37.50%）
	传统饮食	31（79.49%）	50（89.06%）
	传统文化	36（92.31%）	57（89.06%）
您认为可通过哪些途径创新发展钱塘江流域盐运河文化	大力宣传	27（69.23%）	21（32.81%）
	建章立制	26（66.67%）	27（42.19%）
	制定积极有效的措施	25（64.10%）	22（34.38%）
	多方联合,协作互补	34（87.18%）	52（81.25%）
	采用先进技术,创新模式	35（89.74%）	55（85.94%）
	社会大众共同参与	24（61.54%）	20（31.25%）

（续 表）

题　目	名　称	您对钱塘江流域盐运河文化是否有了解	
		是	否
您认为可通过哪些具体方式创新发展钱塘江流域盐运河文化	文化符号建设	26（66.67%）	26（40.63%）
	典型形象挖掘与设计	33（84.62%）	41（64.06%）
	数字化交互模式	31（79.49%）	33（51.56%）
	文化遗产保护	32（82.05%）	54（84.38%）
	产业链建设与延伸	31（79.49%）	46（71.88%）

此外，我们还对相关部门对于钱塘江流域盐运河文化的保护与传承方面的了解程度和观点进行了调研，因为相关部门的调研人数较少，所以我们以访谈形式展开，结果显示相关部门更加倾向于开展资源普查，明确保护传承的重点和目标，构建保护传承框架，从而构建数字化资料库，建立智慧化的检测平台，更好地保护和传承盐运河文化。

（五）钱塘江流域盐运河沿线的地缘文化辨识度分析

笔者将钱塘江流域盐运河沿线的地缘文化事象分为表层信息、中层信息、深层信息3类（见图5-1），分别对应样本调研中的阅读叙事形态、视听叙事形态和空间叙事形态，并对上述素材进行全面的叙事分析，提取出具有辨识度的地缘文化要素，从而有助于在"盐运河"文化符号应用的交互叙事中实现文化事象的转叙、意叙。

对于表层信息，主要通过筛选梳理，而无须作深度分析，从表层信息出发进行交互叙事的展示设计，可以结合符号的延伸含义，丰富信息量，给予展示设计空间。地名、地理标志和自然景观等文化事象都可作为表层信息，然后选择有代表性、特殊性的文化元素筛选方式进行分析提取。对于中层信息，历史遗迹与文化艺术景观可作为包含

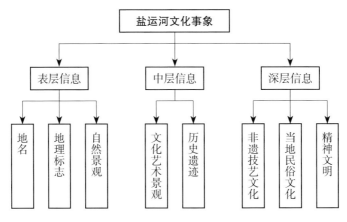

图5-1　盐运河文化事象展示素材类别

人工痕迹的物质载体，通过构建感官与时空交织的方式进行分析提炼。对于深层信息，以数字化展示为载体，利用叙事的媒介和叙述的方式，深刻解读地域民俗文化与精神文明内涵，让钱塘江流域盐运河的内涵以外在的方式予以体现。

（六）故事叙述与情感引导

通过故事化的叙述方式和情感化的表达手法（见图5-2），将信息转化为有吸引力和共鸣力的故事，引导观众获得情感体验和增强参与感。基于法国历史学家皮埃尔·诺拉（Pierre Nora）提出的"记忆之场"概念，盐运河文化展示应用的场景，是以"盐运记忆"的藏品、个人口述故事和影像等材料为对象，架构的盐运河之"场"。诺拉提出了"记忆之场"的三个阶段——记忆获取、记忆加工、记忆传承。

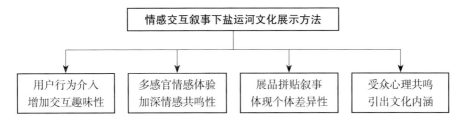

图5-2　情感交互叙事下盐运河文化展示方法

参观者先获取"盐运记忆"展品所蕴含的记忆信息，然后以故事叙事性的方式对记忆进行重新编码或提取，从而生成参观者有关盐运河的独特"个体记忆"。最后，参观者在观展后输出"个体记忆"，从而赋能有关盐运河的记忆内容，再以叙事作为展示设计的核心，通过讲述的形式，将盐运河的故事进行切分重组，呈现在展示空间当中，以进一步丰富"盐运记忆"的展示内涵，激发新的活力。

第四节 名人轶事与民俗的开发思路

一、名人轶事

与钱塘江盐业有关的名人轶事，是盐文化的宝贵资源，人是点，事是线，由这些点线组成的盐文化的面和体才是真实而丰满的。名人轶事既是盐文化本身，又是其他盐文化推理、假设、论证的重要依据，同时也是文化创新的源泉。

经过笔者梳理，已知的与钱塘江流域盐文化有直接联系的名人轶事有以下几条线：

（1）海宁世家，王国维、金庸查家、许氏家族，祖上盐商。

（2）曹雪芹，祖上盐商。

（3）扬州八怪之首——金农，杭州人，由盐商赞助。

（4）李卫，两浙盐官，其任期发生的一些故事。

（5）乾隆下江南，盐商招待。

（6）盐商促方成培改编《白蛇传》。

（7）王羲之《盐井帖》与钱塘江流域盐文化。

这些名人和他们的故事，不仅展现了钱塘江盐业的繁荣和发展，也反映了盐业文化对当地社会和文化的深刻影响。他们的成就和贡献，为盐文化增添了更多的内涵和价值，使得盐文化更加真实而丰满。

二、钱塘江盐业民俗与非遗

（一）观潮民俗

盐民产盐得益于阳光与潮水，故信仰太阳神和潮神，而随着钱塘江盐业的消亡，这种历史阶段性的信仰崇拜也不见了，根据历史的经验，这种信仰与其说是消失了，不如说是转变了，目前有观潮节等旅游项目，因为潮水对于现代人的意义和价值在于观赏。而对于前人和盐民来说，潮水代表的是丰收的快乐。

在古代杭州钱塘江流域的盐文化中，八月十八前后是一个特别重要的时段，便是传统的观潮节。观潮节源远流长，南宋时期已有此节，当时的杭州人从十六日起便纷纷前往江边观潮，至十八日更是倾城而出，共同欣赏这"天下奇观"的壮丽景象。在这一时段，盐民们也会参与到节日的庆祝中。他们可能会举行一些特殊的仪式，例如举行祭潮仪式，即祭拜潮神。民间普遍认为伍子胥就是潮神，在潮水最大的时候，盐民们会向他祈求来年的丰收和好运。这种仪式不仅是对自然的敬畏，也是对生活的美好期许。此外，盐民们还会举行一些与盐业生产相关的仪式。他们可能会在江边设立祭坛，献上供品，祈求海神或潮神保佑盐业生产顺利，盐质优良。在观潮的过程中，盐民们还会进行一些富有地方特色的庆祝活动。例如他们会观看潮水的涨落，欣赏潮水的壮观景象，同时也会进行一些比赛和游戏，如赛龙舟、抢潮头鱼等。这些活动不仅增添了节日的欢乐气氛，也展示了盐民们的勇敢和聪慧。所以，古代杭州钱塘江流域的盐文化在八月十八前后的观潮节中得到了充分的体现和传承。这一节日不仅是盐民们祈求丰收和平安的重要时刻，也是他们展示传统文化、增进彼此间交流和团结的重要平台。

上文有提到民间认为伍子胥是潮神。与祭祀潮神相关的仪式、用品，以及由该信仰而来的器具、食物、商业扩展、对周边人们生活习惯的影响等也值得我们进一步挖掘。十八路潮神为盐文化的重要组成部分，其原型都是具有优秀品质的人物。这些人物不仅代表了盐民们的精神寄托，也体现了中华民族的优秀传统文化。通过挖掘和传承这些文化IP，我们不仅可以更好地了解盐文化的历史和发展，也可以为当代社会提供有益的启示和借鉴。

（二）板盐非遗

钱塘江板盐制作技艺（见图5-3）为浙江省非遗项目，其传承与转化受到了许多限制，随着大众对盐文化的重视，以及盐文化在钱塘江流域地位的凸显，板盐非遗将被赋予更高的地位和更广泛的关注。盐业美食、盐业文旅、盐业研学都是板盐非遗传承转化的路径。

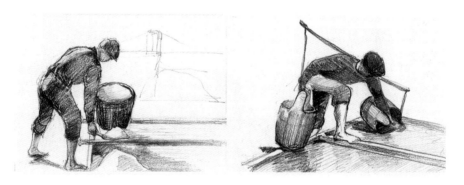

图5-3　钱塘江板盐制作

（三）民间传说

对于已知的传说，如海宁地区的张郎晒盐造卤的故事，以及钱大王的神话传说，可以进行文化再造和商业开发，给简单的民间故事赋予现代的审美价值，其宣传载体可以是音乐、动画、图书、电影等。此外，在商业开发方面，可以将这些传说与当地的旅游产业相结合，开发以传说为主题的旅游线路或文化体验项目。例如，可以建设以张郎晒盐造卤为主题的博物馆或文化园区，让游客在亲身体验中感受这一传统工艺的魅力；也可以开发以钱大王传说为灵感的文化创意产品，如纪念品、艺术品等，满足游客的购物需求。

通过音乐、动画、图书、电影等多种宣传载体的综合运用，我们可以让盐文化有关的传说在现代社会中焕发出新的生机与活力，为钱塘江流域的盐文化传承和商业发展注入新的动力。

三、盐文化诗歌戏曲等开发

在中国的历史长河中，盐业的发展一直是经济的重要组成部分。从徽州到钱塘江中下游的海宁沿线，以及泛钱塘江的范围内，盐业文化的痕迹深深地烙印在当地的文化传统中。这些地区的诗歌、戏曲等艺术形式，作为盐文化的载体，为我们提供了宝贵的财富。

这些诗歌戏曲，描绘了盐民、盐运河劳工的辛勤付出，也展现了盐商的富裕生活。不仅如此，还有一些作品歌颂了名人的高尚事迹。这些艺术成果不仅反映了当时社会的真实状况，更隐藏着钱塘江流域独特的风土人情。

例如，从苏轼的作品《汤村开运盐河雨中督役》和《是日宿水陆寺寄北山清顺僧二首》中，我们可以看到他对盐民和开河劳工的同情与关注。而现代改编的越剧《太平私盐案》，则通过戏剧的形式，生动地展现了盐业在当时社会中的地位和影响。《三刻拍案惊奇》第二十六回说的就是住在荐桥大街的吴姓盐商养妾蓄婢的事。

然而，这些只是冰山一角。通过进一步的诗歌整理和挖掘，我们发现钱塘江流域盐文化诗歌与浙东唐诗之路有着千丝万缕的联系。唐诗之路的文人墨客们也留下了不少暗含盐业线索的诗歌，例如我们熟知的刘禹锡《浪淘沙》中有两句"八月涛声吼地来，头高数丈触山回。须臾却入海门去，卷起沙堆似雪堆"。如果加入了当时钱塘江盐业的视角，那么雪堆的翻译就不仅仅是在阳光照射下，沙堆看起来像雪堆这么单薄，而是潮水过后，沙堆很快将变成雪白的盐堆。细细挖掘，这些诗篇为我们深入了解钱塘江流域盐文化的传承提供了许多隐藏的线索。

总之，钱塘江流域的盐文化是一笔丰富的历史遗产，它不仅仅反映了盐业在当时的重要性，更展示了人们对生活的思考和追求。

四、旅游开发

钱塘江流域盐文化，作为一种独特的地域文化，具有深厚的历史底蕴和丰富的文化内涵。它见证了钱塘江两岸的变迁和杭州城市的发展，也承载着无数劳动人民的智慧和汗水。盐文化中蕴含的粗犷、质朴和艰辛的劳动精神，与杭州原本的文雅气质形成了鲜明的对比，为杭州的文化形象注入了新的元素。

为了更好地开发和推广钱塘江流域盐文化，我们提出以下几条开发路径：

（1）盐运河路线。这条路线将通过讲述盐运河的历史记忆，展现盐运河与城市发展的紧密关系。同时，对盐运河周边历史景点进行开发，使游客能更好地了解这一地区的文化和历史。

（2）盐商故居、名人故居与盐业博物馆路线。通过这一路线，我们将讲述盐业生产的历史、名人轶事及家族与社会的发展。游客可以在参观过程中深入了解盐文化的方方面面。

（3）盐文化节与庙会盐市。通过举办盐文化节和庙会盐市等活动，我们把盐文化与商业结合，促进夜经济的发展，提升游客的参与感和体验感。

（4）钱塘江盐业若干景的开发。类似于西湖十景和运河八景，钱塘江盐业若干景将选取最具代表性的盐业景观进行开发，使游客能够全面了解钱塘江盐业的辉煌历史和独特魅力。

综上所述，钱塘江盐业是隐藏于都市繁华背后的历史遗迹，见证了中国古代盐业的辉煌与变迁。行走其间，仿佛能听到历史的回声，感受到岁月的沉淀。它不仅承载着厚重的历史文化，更在现代社会中展现出新的活力。钱塘江盐业遗址包括但不限于几处重要盐仓，还包括周王庙镇的荆家村制盐遗址，盐运河码头，苏轼监工盐运河开凿而居住的水陆寺遗址，以及有待开发的联桥水上盐市、清泰门盐市、海宁盐商故居等历史遗址。

五、名人与民俗的文化开发

（一）饮食开发

在钱塘江流域，酱菜、梅干菜、倒笃菜、腌鱼、腌肉、制酱等与盐息息相关的美食早已闻名遐迩。这些独具特色的食物，如同璀璨的珍珠，散落在江畔。这些美食不仅是地方特色的体现，更是盐文化的物质载体。钱塘江盐业源远流长，早在古代，盐就被视为珍贵的资源，与人们的日常生活和经济发展密不可分。随着时间的推移，人们逐渐形成了独特的饮食文化，将盐与美食相结合，创造出了无数让人垂涎欲滴的美味佳肴。

盐文化不仅为饮食开发提供了宝贵的灵感，更是一个完整的地方品牌体系的重要组成部分。在钱塘江流域，我们可以借鉴塘栖糕点的成功经验，将文化和饮食完美结合，抢占饮食文化的高地。通过挖掘盐文化的内涵和外延，将传统美食与现代创新相结合，打造出独具特色的盐文化品牌。同时，利用现代营销手段和新媒体平台，扩大品牌知名度和影响力，推动钱塘江流域盐文化走向全国乃至全世界。为了更好地推广钱塘江流域盐文化元素，我们不仅需要关注传统的腌制食品和盐脱水果仁，还要与时俱进地融入现代流行元素。例如，推出盐味奶茶和盐焗做法等创新产品，以满足年轻消费者的口味需求。这些创新产品不仅具有时尚感和潮流感，还能让年轻消费者更好地了解和接受盐文化。同时，进行该细分领域的评分定星标准等配套元素开发，为消费者提供更全面、更专业的服务。通过这些举措，我们可以让更多人了解和喜爱钱塘江流域盐文化，进一步推动盐文化产业的发展。

（二）产品开发

杭州地区的高校资源和产业优势为我们的文创产品开发提供了得天独厚的条件。依托省内块状工业特色，我们将根据盐文化的独特魅力，设计出一系列高品质的日用品、家居产品、文化用品和旅游纪念品。这些文创产品不仅可以满足消费者的日常需求，还能成为传承盐文化的载体，让更多人了解和喜爱盐文化。

在文创产品设计方面，我们将结合盐文化的元素，如独特的色彩、图案和造型等，创造出既有传统韵味又有现代感的作品。此外，我们还将利用杭州地区的产业优势，与当地的制造商和设计师合作，共同打造高品质的盐文化文创产品；通过产学研合作模式，推动盐文化产业的创新发展。这些合作不仅可以提高产品的质量和设计水平，还能促进产业之间的交流与合作，推动钱塘江流域盐文化产业的整体发展。

（三）IP开发

盐文化作为钱塘江流域的瑰宝，具有巨大的IP开发潜力。在旅游和饮食等领域，这个大IP将发挥无可替代的作用。而其中蕴藏的小IP更是如星辰般璀璨，名人、民间故事、饮食文化等都可以成为塑造小IP的灵感之源。为了充分挖掘盐文化的IP价值，笔者团队将通过市场调研和数据分析，了解消费者的需求和喜好，并在此基础上，制定针对性的IP开发策略，以打造独具特色的盐文化符号（见图5-4）。

中文字体应用

盐运记忆

方正特雅宋简体

英文字体应用

Salt-transporting Canel Memory

华康瘦宋体W9(P)

图5-4　盐运河形象设计1（笔者团队设计）

例如，推出以盐文化为主题的动漫、游戏等娱乐产品（见图5-5），为年轻受众提供丰富多彩的文化体验。同时，通过影视剧、纪录片等形式，呈现盐文化的历史渊源和独特魅力。此外，还可以利用名人效应和民间故事等资源，打造具有影响力的盐文化小IP。通过与知名作家、艺术家等合作，创作出富有创意和感染力的作品，让更多人了解和喜爱盐文化。同时，借助社交媒体等平台，加强与粉丝的互动和交流，提升盐文化品牌的知名度和美誉度。

图5-5　盐运河形象设计2（笔者团队设计）

通过这些小IP的开发，可以在各个细分领域传播盐文化，让更多人领略到其独特的魅力，最终实现盐文化产业的全面发展，带动当地经济和文化的繁荣。同时，这些小IP的开发也将为钱塘江流域盐文化产业注入新的活力，推动其不断创新和发展。

六、盐文化设计作品展示

（一）"盐运河六景"设计

虽然盐运河遗迹的故事早已定格，但是盐运河文化的故事方兴未艾。其沿线历史文化名城、名镇、名村的沧桑变迁是一部部浓缩的文化史。生生不息的盐运河文化孕育了沿途独特的商贸、建筑、文学、饮食、民俗风情，影响着运河沿岸的发展。"盐运河六景"的设计灵感来自南沙剪纸，笔者团队采用木刻版画与中国风水墨相结合的设计风格，绘制出钱塘江流域盐运河文化带上节点城镇的宣传海报。"盐运河六景"的宣传海报设计作品分别为《如梦上塘》《老街市井》《桥韵绵延》《钱江盐场》《望古海塘》《埠头集镇》。

《如梦上塘》（见图5-6）将拥有两千多年历史的上塘河作为主体

图5-6 《如梦上塘》（笔者团队绘制）

设计元素，蜿蜒流淌的上塘河是连接钱塘江流域盐运河沿线居民生活的主要河道，承载着沿岸百姓的历史记忆，也见证着盐运河文化带的发展与变迁。河流流淌着的丰富历史和文化资源随着时间的流逝而逐渐被掩埋，我们将揭开厚重的纱布，拂去历史的尘埃。

《老街市井》（见图5-7）将穿越240年时光记忆的钱塘"小上海"头蓬村作为主体设计元素。笕桥老街，是杭州城区的一个重要历史节点。岁月折叠，老街经历着天翻地覆的巨变，沉寂一时的街口如今又热闹起来，旧时的盐文化记忆和风土人情被重新拾起赋予了新的意义。在时代新背景下，头蓬老街正在朝着新的方向，迈出新的步伐。

图5-7 《老街市井》（笔者团队绘制）

《桥韵绵延》（见图5-8）将伫立于盐运河之上的古桥作为主体设计元素。桥，是钱塘江流域盐运河一大显著的文化符号。它们历经沧桑，见证了盐运河的兴衰变迁，成为连接历史与现代的纽带。虽然有的古桥已湮灭，人们却依然能从坊巷街弄的故事中窥见其历史的风霜。

图5-8　《桥韵绵延》(笔者团队绘制)

　　《钱江盐场》(见图5-9) 将赭山盐场的钱塘江板盐制作工艺作为主要设计元素。钱塘江畔是东南沿海繁荣的产盐区，盐业是杭州古代工商贸易文明的重要标识之一。钱塘江盐运河文化不光是一种记忆的传承，也是钱塘江两岸人基因的遗传。赭山场以前是在江北的盐场，后因江道变迁到了江南，通过晒盐、制盐，两岸百姓团结到一起，生活在一起，钱塘江板盐是一种精神，是从历史文化中焕发出来的一种精神。

　　《望古海塘》(见图5-10) 将乔司的古海塘文化及勇立潮头的精神作为主要设计元素。"滔滔钱江水，巍巍古海塘。"千年古海塘文化，记录着钱塘江流域盐运河沿岸先民抗御海患的英勇斗争历史，承载着人们的文化记忆，凝聚着艰苦奋斗、勇立潮头的精神内核。

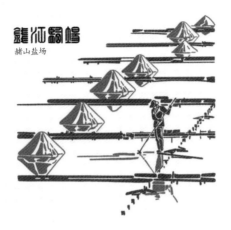

图5-9　《钱江盐场》(笔者团队绘制)

图5-10　《望古海塘》(笔者团队绘制)

《埠头集镇》（见图5-11）将翁家埠的市集文化作为主要的设计元素。翁家埠位于现临平区、钱塘区和海宁市的交界处，翁家埠自乾隆第六次南巡后成为埠头集镇。历史上翁家埠是个跨界的市镇，经盐运河，昔濒钱塘江，翁姓于此置船埠而使其得名。

图5-11 《埠头集镇》（笔者团队绘制）

（二）"盐运记忆"主题展览海报设计

"盐运记忆"（见图5-12）主题展览以"跨越古今，对话运河"为宣传口号，思考盐运河这部文明史。海报设计沿用品牌Logo的设计理念，底图海报的绘制以蜿蜒不断、依旧流淌着的盐运河为主体设计元素，采用具有杭州古典韵味的水墨画的表现手法；并运用蓝金配色，展现出这条静静流淌着的盐运河的璀璨夺目。

（三）"盐运记忆"主题展览的入场券设计

图5-13是"盐运记忆"主题展览的入场券设计图。我们以浙江省

图5-12　"盐运记忆"主题展览海报设计（笔者团队绘制）

图5-13　"盐运记忆"展览入场券设计（笔者团队绘制）

级非物质文化遗产"钱塘江板盐制作技艺"为主视觉元素，虽然盐场已经不复存在，晒盐也已成为历史，但盐运河作为历史和文化符号，构建了一种以盐运河为纽带的地缘文化生态。我们希望借此主题展览的机会形成地方社群和地缘文化的凝聚力。

第五节　区域规划新视角

我们在世界范围内，寻找与钱塘江盐运河具有相似地理环境的城市，通过对这些城市的规划经验进行分析和研究，为盐运河文化带的未来规划和建设提供借鉴。

一、威尼斯经验

威尼斯水乡，意大利东北部的水上明珠，以其岛屿、运河与桥梁交织的独特城市形态，以及深厚的历史文化底蕴而著称。威尼斯有一条长4千米、宽30～60米的主运河，与177条支流相通，全城由118个小岛组成，城市中共有2 300多条水巷。玻璃手工艺璀璨夺目，商业繁荣兴旺，其水乡模式更是全球独树一帜，成为旅游与文化的双重胜地。

威尼斯在河道资源利用方面的成功经验主要有以下几点：

（1）威尼斯充分利用了其独特的地理环境，发展了独特的水上交通和旅游业。水上交通不仅方便了当地居民的生活，也为游客提供了一种全新的旅游体验。

（2）威尼斯市政府高度重视城市环境的保护和改善，通过一系列措施提升了城市的整体形象和吸引力。通过对历史建筑和文化遗产的保护，使得威尼斯的古城风貌得以完整保存。

（3）威尼斯积极将旅游业与手工业结合，发展威尼斯穆拉诺岛的玻璃手工艺，通过推广威尼斯的文化、历史和自然风光，吸引了大量游客前来观光旅游，利用"一镇一艺"特色小镇发展模式，弘扬其文化内涵，使威尼斯文化得到了更好的宣传和发展。

二、吉隆坡经验

吉隆坡，马来西亚的首都，不仅是一座充满现代活力的都市，还与钱塘江流域盐文化带一样，承载着丰富的晒盐历史。在城市规划中，吉隆坡巧妙利用河流资源，结合旅游业发展，既提升了经济效益，又保护了生态环境，实现了城市发展与文化传承的双赢。曾经的晒盐之地，如今已成为河流与城市和谐共生的典范。

吉隆坡在河道资源利用方面的成功经验主要有以下几点：

（1）吉隆坡巧妙地将河流景观与休闲设施相结合，建设了水上景观，如沿河步道、观景平台、水上活动等，为游客提供了多样化的旅游体验。这种规划不仅吸引了大量游客，还延长了游客的停留时间，推动了当地旅游业的发展。

（2）通过建设湿地公园、河流绿化带等生态设施，吉隆坡拥有了优美的水景环境和平衡的水生态系统。河流规划中注重融入当地文化元素，如传统建筑、民俗表演等，使游客在欣赏河流美景的同时，也能深入了解当地文化。

（3）在城市规划中，吉隆坡运用文化古迹与现代商业交错的发展模式，不仅保留了一些与水相关的历史遗迹和文化景观，而且在河流两岸建设购物中心、餐饮店等商业设施。这种文化体验式的商业模式，极大地提升了旅游业的吸引力。

吉隆坡通过合理利用和保护水资源、改善水环境，以及传承和发展水文化，成功地打造了水上景观、生态湿地和文化古迹交错发展的现代化城市，推动了当地旅游业的发展，使得吉隆坡成为人人内心深处都向往去游览的地方。

三、杭州经验

杭州对钱塘江流域的规划目前还是以常规的城市化开发为主，没有基于盐文化的考量，这十分可惜。所以从威尼斯水乡的成功经验和马来西亚吉隆坡的城市规划出发，我们可以为钱塘江盐运河文化带的区域规划提供新的视角和启示。

（1）生态优先，保持自然风貌。

在钱塘江流域盐文化带的区域规划中，我们应坚持生态优先、可持续发展的原则，保护并恢复本地的生态功能。这意味着我们需要注重水质保护、植被恢复及生物多样性的维护，确保水乡的自然风貌得以延续。坚持"绿水青山就是金山银山"的发展理念，打造全国特色水乡，发扬钱塘江流域的盐文化。

（2）文化融合，彰显地域特色。

在对钱塘江流域盐文化带进行规划时，应深入挖掘当地的历史文化元素，特别是与盐文化相关的故事和传统，将其融入水乡的建设中。通过对文化元素的展示和传承，使盐文化带成为一个既有自然景观又有文化底蕴的旅游胜地。

（3）功能分区，优化空间布局。

我们应进行功能分区，明确各个区域的功能定位，如生活区、商业区、文化区等，以实现空间的优化布局和高效利用。生活区的建筑设计应融入盐文化特色，以低层、低密度为主，保持与周围环境的和谐统一。商业区则宜设置在人流密集、交通便利的区域，形成集购物、餐饮、娱乐等功能于一体的文化古迹与商业交错的综合体。由此，既符合现代审美，又彰显文化古迹特色。文化区是展示钱塘江流域盐文化的重要载体。可以设立盐文化博物馆、展览馆等场所，展示盐的历史、制作工艺、用途，以及与当地社会经济发展的关系。同时，还可以规划盐文化主题公园，通过雕塑、壁画等艺术形式，生动展现盐文化的独特魅力。

通过生态优先、文化融合和功能分区等规划的实施，我们可以打造出钱塘江盐运河文化带独有的水乡城市，为当地的文化旅游、经济社会发展注入新的活力。

在历史长河中，钱塘江盐业遗址留下了浓墨重彩的一笔。曾经的盐业繁荣，为这片土地带来了无尽的财富与辉煌。盐工们的辛勤努力，铸就了一段段传奇故事。钱塘江流域盐文化的遗存不仅是历史的见证，更是文化的瑰宝，它们承载着丰富的盐业文化和先民们的智慧与汗水。

通过本书，笔者想唤醒人们去重新审视这段历史和遗址的价值，也倡议政府和社会各界积极参与保护和修复工作，使这些历史遗迹重现光彩，让更多人了解盐业文化的独特价值，使钱塘江盐业遗址成为连接历史与现代、文化与经济的桥梁。本书提出的这些开发路径，不仅能够提升杭州的文化内涵和竞争力，也能够让更多的人了解和认识钱塘江流域盐文化的独特魅力，进一步推动杭州文化事业的发展。

附　录

该散文描写了钱塘江最后一批盐民的生活景象，根据盐民口述及民间故事改编而成。放在本书的结尾，以期能给各位读者带来身临其境的感受。

钱塘盐歌——盐文化时空重构

闭上眼，远方的江风拂过斗笠的声音，温暖的泥炉温火慢煮的声音，青花的瓷盖摩擦碗边的声音，细密的精盐入汤下锅的声音，历历在耳，一道鲜美的水煮鲈鱼即将出锅。

"江上往来人，但爱鲈鱼美。"诗人范仲淹这一句，道出了多少人的心声。江边之人，都知道鲈鱼之好，肉嫩、刺少、味鲜。新从江里捞上来的鲈鱼，细细收拾干净，侧面以剞刀法处理，小火慢炖，最后加一勺盐，仅一小口足以品尝一江的鲜味。

都赞钱塘江鲈鱼一绝，渔夫老郑说："这绝味在鱼，更在盐！"说完他细细眯起了眼，眼角的皱纹似随江风漾开，思绪也随着小炉升腾的雾气飘远……

老郑祖上都是盐民，说到这，老郑有些自豪地笑着。

六十多年前，这片滩涂上有两千多个晒盐人随清晨的霞光而作，伴当空的皓月而栖。清晨男人们就早早扛着扁担出门了。扁担两端长期受盐水浸泡，木头已经有些被侵蚀，留下黑色盘曲的痕迹，也正是这样一个沧桑的扁担，挑起了一个家的茶米油盐。家中的女人和孩子也相继起来，女人在小灶台的袅袅炊烟中准备着早饭，咿牙学语的孩子们则在滩涂中玩耍，熟悉这片土地，也为自己即将下盐田挑盐做着准备。男人们已经开始挑盐了。

一担三百多斤啊！就算是健身房那些浑身肌肉的汉子，都不敢说轻而易举，高低得掂量掂量，盐民们却早已习以为常，黝黑的臂膀上一条条肌肉顶着皮肤凶猛地鼓起，说它像钢筋却又有些颤抖，说它颤抖，又坚硬得宛若钢筋。近处看肌肉抖动的幅度十分吓人，像大风天的茅草刷刷作响，但一拉远，却发现前行得缓慢而稳当，似乎每一个细微处的抖动都好像在潜移默化地发出共鸣，撑起精瘦伟岸的身躯前行，在泥地上留下一个个深深的脚印。

当然，制盐不仅仅是力气活，更是技术活。滤盐的卤水并不是直接打，而是需要从盐田里表面含盐量高的泥土里刮出，刮得多了，多余的泥会让过滤速度十分缓慢，而刮得少了，一担就晒不出多少盐，所以如何把握下刀的位置和深浅最能体现一个盐民的经验了。然后便要从泥中挑出石子、草根等大块杂质，以确保之后的流程顺利，一切一挑，就好像为咸泥做了一场手术，做完就可以安心送去滤筒进行精细地过滤。将水倒在滤筒，渗过一层一层紧致的泥巴，带走其中的盐分流入下面的盐田，最后晾晒卤水的工作就交给天公来完成了。

刮泥、挑泥、沥卤、晒盐，可能看起来只是简简单单的八个字，可背后蕴含的是钱塘江劳动人民吃苦耐劳的精神与不可估量的智慧。

到了晚上，盐水静静地躺在盐池里，盐民躺在草席上，天为被，地为床，在夜风与皓月中待着明日的太阳冉冉升起。这时家中的长辈们就会与小辈们说起祖上盐与民的故事。在古代啊，盐的地位可高了，沿海那些地方掌握了盐脉就相当于掌握了财脉，打仗啊，活命啊，无论哪一样都离不开盐。古代贩卖私盐可是死罪！据说元末明初战乱不断，官吏大肆搜刮，百姓苦不堪言，祖上依靠钱塘江滩涂大、水质盐分多的得天独厚的条件，冒着杀头的风险制盐，接济一方百姓，让无数家庭在那个战乱不断、风雨飘摇的时代活了下去。也许老盐民们并不知道什么叫封建制度，横征暴敛，也不知道什么是"安得广厦千万间，大庇天下寒士俱欢颜"。但每每说到此处，老一辈的盐民们总是止不住嘴角自豪地笑，听故事的孩子们眼中也装满憧憬的星光，这个故事是他们无论听多少遍都听不腻的，最后孩子们伴随着侠义余韵和滩涂的虫鸣沉沉入梦。

然而盐民的生活更多时候则是充满不易与挑战的。台风、暴雨，来一场就可能导致盐民数月前的努力随着被冲刷的盐田付之一炬，但真正可怕的是坍江。盐民一般依钱塘江而居，在滩涂上用木头插在泥里搭起悬空的地基，上面搭上茅草便开始一日三餐的生活。钱塘江涨水来势凶猛，在半夜就能听到水流蚕食沙土的声音，让人不由得心悸，剧烈时，几百平方米的沙土地连带着上面的草屋，一同被卷入钱塘江中，睡梦中的盐民甚至来不及呼喊，就永远长眠。什么叫人命危浅，朝不虑夕，恐怕这就是最真实的写照了。坍江后，盐民们默默地收拾被冲垮的盐田，对原本还盖着草屋的地方表达无声的哀悼。然而险恶的环境吓不住盐民，生活还要继续，盐还要产，即使水势再湍急，天灾再可怖，他们都不会畏惧，而是怀着坚定的心与大自然抗争到底。

再游钱塘，我感受着南沙的晚风温柔地拂过面庞，眺望远处十二埭的炊烟袅袅升起，母亲吆喝着贪玩的孩子快回家吃饭，三官桥下的小舟悄悄荡过，留下一条清波，蓬头的吆喝声渐渐淡了，菜农们即将迎着夕阳的尾巴，收摊回家。极目远眺，风景亦如画。

随着科技的进步，盐已可以通过工厂批量安全生产，不再需要这么一群人去拿生命与自然对赌了。

但他们身上的精神不应随着时间在人们心中褪色。盐民们因地制宜建屋搭房的巧劲，艰苦奋斗不断拼搏的干劲，不畏艰险搏击自然的拼劲随着钱塘江一路走来，朗润于心，悠远绵长。钱塘江边那一声声担盐的号子已不在，学源街的风吹过创新的潮，下沙的长空书声琅琅。沙鸥从容掠过钱塘江的浪，湿咸的江风也缓慢抵达脸庞。都说时代滚滚，可是时代哪有脚，走的总是人。

披星戴月，风雨兼程，不顾路途遥遥。近几年，钱塘人的生活并没有被疫情过度冲击，而是有条不紊地进行着，这离不开钱塘江整体的治理有方，更离不开每一个钱塘人的努力与付出。上下同欲者胜，风雨同舟者兴，虽一粒盐不能改变什么，但一勺盐足以让一碗汤鲜美可口，虽一个钱塘人的努力也许渺小，但每一个钱塘人的齐心协力让钱塘江的发展天堑变通途。

睁开眼，随着升腾的热气，水煮鲈鱼已经完成，挖一勺汤入口细品，唇齿留香。盐的身影消失在汤里，已然不见，但它的味道融进了汤中，为其添味增彩。老郑说其实盐和盐民很像，在阳光下晒呀、炼呀，留下最精华的部分。细细一想，其实盐不是什么富贵人家的山珍海味，高堂之上的锦衣玉食，但是最实在、最不可或缺的一道调味料，融在每个菜系里，融在每个老百姓的生活中。亦如盐民精神之于钱塘，也许并不璀璨夺目，但确确实实融入钱塘的精神底蕴里，伴随钱塘人的步伐一路走来。希望这份数代盐民劳作的结晶不被人们所忘却，希望盐民艰苦奋斗、与天险搏击的精神被人们牢牢铭记，希望更多人提起盐民时，能忆苦思甜，珍惜当下。相信在不远的将来，当人们再提起盐民，提起这段岁月，提起这份珍贵的盐文化时，能和老郑一样，露出自豪的笑容。

参考文献

［1］《浙江通志》编纂委员会：《浙江通志》，浙江人民出版社，2017年。

［2］祖慧，周佳 点校：《钦定重修两浙盐法志》，浙江大学出版社，2023年。

［3］朱学西：《中国古代著名水利工程》，商务印书馆，1997年。

［4］（宋）胡仔：《苕溪渔隐丛话前集》，人民文学出版社，1962年。

［5］陈振：《中国通史》，上海人民出版社，1999年。

［6］（宋）孟元老《东京梦华录》，中州古籍出版社，2010年。

［7］（宋）佚名：《皇宋中兴两朝圣政》，北京图书馆出版社，2007年。

［8］（宋）潜说友：《咸淳临安志》，浙江古籍出版社，2012年。

［9］杭州市档案馆：《杭州古旧地图集》，浙江古籍出版社，2006年。

［10］（明）施耐庵：《水浒传》，人民文学出版社，1997年。

［11］顾祖禹：《读史方舆纪要》，中华书局，2005年。

［12］杭州市地方志办公室：《嘉靖仁和县志》，西泠印社，2012年。

［13］陈钦周，杨卡特：《杭州河道文明探寻》，杭州出版社，2013年。

［14］巩本栋：《"东坡乌台诗案"新论》，载于《江海学刊》第2期，2018年。

［15］（清）宗源瀚：《浙江全省舆图并水陆道里记》，学苑出版社，2019年。

［16］浙江省江河水利志编纂委员会：《浙江水利志通讯》，第1期，1984年。

［17］《钦定四库全书》，集部，别集类，北宋建隆至靖康，《苏诗补注·卷八》，影印本。

［18］（宋）吴自牧：《梦粱录》，浙江人民出版社，1984年。

［19］（宋）阮阅：《诗话总龟》，人民文学出版社，1987年。

［20］（清）爱新觉罗·弘历：《唐宋诗醇》，中国文学出版社，2000年。